青春不是突然就叛逆

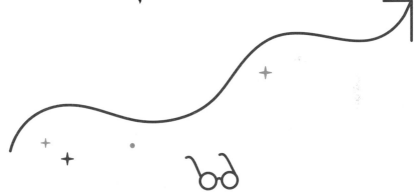

校園心理師第一手觀察，看懂青少年
憂鬱、難相處、無法溝通
背後的求救訊號

陳雪如 Ashley——著

目次

| 第二部 |

青少年家長應有的覺察

| 第三部 |

現代青少年面臨的問題

—推薦序—

青春迷霧的行路指引

陳品皓／米露谷心理治療所執行長

我在學校演講時，家長最常問我的問題，都是和青春期孩子的互動有關。我自己身為父親、心理師，還在高中職教過幾年書，直到現在，和青春期的孩子互動，對我來說仍是一大挑戰。至今我都還在學習理解身處於青春期的大孩子，過程中免不了會有挫折和無奈，我經歷的這些心情，相信也是大部分家長都曾有過的感受。

青春期的孩子，不是口條大噴發，就是情緒大爆炸，完全不知道他腦袋裡到底裝了什麼東西。孩子有意見時，不是碎念就是頂嘴；有情緒時，不是陰沉就是臭臉，搞得我們必須不斷翻看孩子以前小時候天真無邪、笑得燦爛的照片，才能稍稍撫平心中的情緒，但只要一想到孩子現在的嘴臉，血壓不免又要再度飆高。身為青春期孩子的父母，人生實在好難！

爸爸媽媽的難為，放眼望去大概無一例外。這一切追根究柢，還是因為我們與孩子之間的落差實在太大，孩子正走進青春，而青春離我們太遠，以致於我們很難真正體會他們所經歷的身心劇變，無法理解他們將要面臨的各種生活壓力。

面對家長的迷惑與困頓，我一直很希望能夠有一本理論與實務兼具，將孩子常見問題都整合在一起的好書，提供家長指引與參考使用。在我的期待中，這樣的一本書，不只能讓我們理解孩子的內心，也能讓我們具體知道該如何與孩子互動，尤其是當孩子可能有網路沉迷、憂鬱低落、性別認同甚至是精神困擾時，也能讓我們知道該怎麼分辨與應對。在面對孩子學習與職涯的發展時，如果還能提供我們指引的話，那就更加完美了。

這樣的野心與企圖，我很驚喜的在雪如老師的大作中看見了！雪如老師在她豐富的實務經驗與專業學習中，佐以經典的心理學理論，細膩且深入的把她對孩子的觀察與互動，整理成一篇篇完整又清晰的文章，帶著我們穿透行為的表象，深入孩子的內心。在青少年看似彆扭又矛盾的衝突下，你開始理解孩子各自不同的獨特與單純，並發現這是如此普遍的存在。

我在閱讀的過程中，想到許多過去服務過的大孩子，他們在關係中那種隱微又強烈的心理狀態，和書中的許多地方相互呼應。這些對孩子心理狀態的描述，往往也是我們家長很難察覺而忽略的部分。如果我們能早一點看到這本書，或許就能減少許多不必要的衝突，這該有多好呢？

身為資深的兒童與青少年治療師，我在這裡誠摯的向大家推薦本書，相信在閱讀的過程中，你也會和我一樣深深受益。

一推薦序一

原來是青少年的翻譯蒟蒻

歐陽立中／Super 教師、暢銷作家

我很喜歡看哆啦 A 夢，每次都很期待他會從口袋裡掏出什麼道具，在這麼多道具裡，我最想要的就是「翻譯蒟蒻」。只要吃下這個蒟蒻，你就不用擔心對方是外國人、原始人，還是外星人，瞬間就能暢談無阻。

但是我發現，語言的隔閡事小，最難的是，明明用的是同一種語言，卻完全無法溝通。有這種事？還真的有，那就是跟「青少年」溝通。

我本身是高中教師，最怕的就是家長日。倒不是怕面對家長，而是當家長聊起他的孩子時，我感受到他們對孩子的無奈和焦躁。原本好好的孩子，一進入到青春期，就完全變了個人似的——回到家一言不發，直奔房間；多問個幾句，就跟你頂嘴嗆聲；難得看到笑容，結果都是在滑手機。當然，我完全能理解家長的心情，但跟青少年相處的技巧，哪裡是三言兩語就講得完的呢？

所以我突發奇想，想說要是哆啦Ａ夢有青少年版的「翻譯蒟蒻」，一吃下去，家長就能瞬間聽懂青少年的心裡話，那該有多好！沒想到，還真的有這個道具。但不是哆啦Ａ夢掏出來的，而是心理諮商師陳雪如寫出來的新書：《青春不是突然就叛逆》。

雪如在大專院校擔任心理諮商師，同時也是知名作家和講師，她長期跟青少年相處，非常明白他們心裡的小劇場。這本書，就是要帶你一起卸下青少年的武裝，去聽聽他們內心的脆弱。

舉個書中我很有感的情境好了。像是很多人都會對孩子沉迷手機很頭痛，有的父母會直接斥責孩子，或是命令孩子不准用手機。有些孩子屈服了，但有些孩子會直接開戰，最後演變成家庭革命。

當你吃下雪如為你準備的翻譯蒟蒻後，你會聽到孩子的內心話：「為什麼都是你們說了算？我已經長大了，難道就不能自我管理嗎？」「為什麼只看到我玩手機，我認真念書時，你們怎麼就沒看到？」「好啊！現在禁止我玩沒關係，我就趁你們睡覺時玩通宵！」

這下你明白了，當你們的對話如果只是流於海面上的交鋒，是沒用的。因為真正的關鍵，在於孩子海面下的那一座冰山。聽懂青少年的內心話後，才能開始擬定溝通策略。當然，貼心的雪如全都為你準備好了：首先，在框架內讓孩子做選擇；其次，請孩子幫忙，聚焦在他努力的過程；最後，在衝突時按下暫停鍵，調節自己的情緒。

當然，這本書最厲害的地方，就是針對青少年的攻勢，擴大守備範圍。一壘手解決「親子溝通」難題，二壘手掌握「親子教養」原則，三壘手看守「數位成癮」問題，捕手看管「情感教育」議題，游擊手應對「人際困擾」的強襲球，外野手則是接穩「情緒管理」的高飛球。

你不得不佩服雪如的面面俱到，以心理學理論為根基，以實際案例為情境，以具體做法為解方。如果你正為青少年的教養傷透腦筋，那麼這本書將會是你的救贖。快吃下雪如為你準備的「青少年翻譯蒟蒻」，你會發現，親子溝通其實可以更簡單又有效！

一作者序一

家庭永遠是孩子最堅實的依靠

我是一位諮商心理師，深耕於青少年輔導十多年。大學就讀輔大心理系時，我即跟著張志豪老師，在台灣第一個少年服務外展機構，也就是西區少年服務中心，用戲劇治療的方式，帶領生活在犯罪高風險的非行少年，透過敘說與戲劇，幫助他們以不同視角重新省思自己的生命故事，並在舞台上展演，讓自己的生命歷程被見證與同理。

政大輔導與諮商研究所畢業後，我曾擔任過國中的專任輔導教師，以及多所大專院校的心理師。在輔導青少年的過程中，我深刻感受到，孩子的許多問題，都是來自家庭日積月累的各種議題。這些行為偏差或心理問題嚴重的孩子，其實很需要家長的支持與協助，但遺憾的是，這些孩子的主要照顧者，通常不願意為了孩子來學校，也不願意改變舊有卻無效的教養方式。深刻的無力感讓我知道，要協助孩子向上向善，單靠校方是不夠的。

雖然我有大量跟青少年相處的經驗，但我過往服務的青少年，多數受限於各種因素，導致家庭教養功能不彰。為了補足這點，在書寫這本書之前，我特意找了許多重視親子關係的父母來訪談，了解他們在與青少年相處過程中會遇到的難題，將大家共有的經驗整理起來，並提供心理學的解法。

我深信家庭是一個「系統」，家人間彼此會互相影響。我也深信孩子是一張白紙，孩子會成為怎樣的人，除了天生氣質之外，照顧者與孩子互動的模式，會形塑孩子安全感的建立、自我價值感的養成，以及做人處事的價值觀等等。

正因為知道家庭對孩子的影響力之大，因此我對家族治療深深著迷，研究所時期便跟著家族治療的專家學習，例如修慧蘭老師、趙文滔老師、孫頌賢老師；並在出社會後持續進修，跟著薩提爾的好友、同事兼學生瑪莉亞·葛莫利，以及李島鳳老師學習薩提爾模式，並跟著謝麗爾·歐文與姚以婷老師學習正向教養。

關於家族與親子關係，我學了很多不同的理論，對我來說，能抓老鼠的都是好貓，這些不同家族治療的理論學派，有許多相同之處，也有許多各自獨特的見解，能夠幫助不同狀態的人。

例如，薩提爾很注重對話的方式，尤其是跟青少年的子女溝通，尊重與傾聽是非常重要的。但坊間已經有許多書在教導如何用薩提爾模式對話，李崇建老師的《薩提爾的對話練習》，就幫助許多家長改善了他們與孩子的溝通模式。因此在這本書中，我不再著重於對話，而是引用台灣較少人認識，但在國外相當知名，跟薩提爾同樣身為家族治療理論先驅的「包溫學派」。

包溫將焦點著重於觀念上的調整，例如當一個孩子出現問題，並非只有孩子要改變，而是整個家庭都需要改變；或是如果覺得孩子情緒很失控，通常是家庭傳承來的等等。以整體的視角，不再將問題聚焦於孩子個人，讓有心想改善親子關係的家長明白，若期待孩子能夠改變，必須整個家庭一起努力。如果家長無法讓孩子改變，也無須擔憂，因為只要家長自己改變了，也能影響孩子改變。家庭做為一個系統，任何家庭成員的改變，都會連動影響彼此。

在書中，我也引用了許多「正向教養」的概念，主張以不懲罰，也不獎賞的方式，培養出有責任感、獨立自主的孩子。在上個世代，是以打罵掛帥，但我們都知道，懲罰只在短期內有效，到了青春期，家長打不過孩子了，就無法繼續用懲罰的方式管教孩子。到了這個世代，主張不體罰，許多家長都改用獎賞的方式來管教孩子，但獎賞會削弱孩子的學習，由內在動機轉為外在動機。

例如，本來就喜歡讀書的孩子，因為考試考得好而得到禮物，之後可能變成為了外在的禮物才讀書，只要沒有獎賞，就不願意讀書了。因此正向教養認為，家長不該著重在針對「結果」給予懲罰或獎賞，而應該針對「過程」給予鼓勵。

家長在養育孩子的過程中，與孩子日常的互動對話，會影響孩子長大後遇到難題時，如何與自己的內在對話。懲罰與獎賞會讓孩子產生「如果做不好，就是個失敗者」、「我好糟糕」等自我挫敗的信念。而「鼓勵」則會培養孩子對自己的自信與信任，當面臨挫折時，聚焦於「我做了哪些努力」、「哪部分做得不錯，有幫助自己解決問題」或是「我或許做得不好，但我相信自己可以找到辦法」等，尋找資源幫助自己，引發正向循環。

因此我認為，在青少年時期，運用「正向教養」的方式引導孩子相當重要。青少年處於探索階段，他們想要嘗試，但技巧不成熟，總會出岔子。如果家長跟在孩子後面幫孩子收拾善後，孩子就無法從失敗中學習，也無法變得獨立自主，因為孩子不用為自己的選擇負責。但正向教養主張「犯錯是學習的機會」，孩子犯錯沒關係，犯了錯，他們才有機會從錯誤中修改，學習更妥當的處理方式。

我平時除了在校園教導親子溝通之外，也常在各大企業講授職場溝通。我與許多常在企業授課的講師發現，領導新世代的部屬，與領導家中的青少年有許多相似之處。當一位主管願意學習不同的溝通方式、願意理解新世代的部屬，通常這類主管回到家中，也會願意理解青少年的孩子，當孩子的人生指導教練，陪伴孩子成長。

成人教育的前導，其實是家庭教育。運用正向教養的概念，在日常與孩子的互動中，可以培養孩子成為一位負責任、具有解決問題能力的成人。本書提供的教養方法，期待能培育孩子發展足夠的心理素養，以面對未來變動快速的世界。

—前言—

當個夠好的父母就好

「我不知道該怎麼當父母。小時候犯錯，爸媽只會打我、罵我，現在孩子惹我生氣，我也會忍不住就打罵小孩……但我根本不想成為我爸媽那樣的父母！」

親愛的，沒有人天生就會當父母。有了孩子之後，我們多半憑著自己以前被對待的經驗來教導孩子。有些人立志不讓孩子受到自己童年時不堪回首的對待，努力學習新的教養方式，但到頭來還是從自己身上，看到過往父母的影子，因此感到無力和挫折。

其實，我們跟孩子之間的關係，就像一面鏡子，可以從彼此的互動相處上，回憶起過往父母如何養育自己的歷程。但是在上個世代以打罵掛帥、批評多於稱讚的教養風格下，許多孩子都長成受傷的大人，這些大人雖然很努力用自己所知道的方式去愛孩子，卻還是在不知不覺中，讓親子關係變得傷痕累累。

這年頭，單純從生理上餵養、拉拔孩子長大很容易，但要養出心理健康的孩子卻很不容易。在養育孩子的過程中，我們必須重新檢視自己從父母那裡承襲而來的價值觀，甚至面對父母當年帶給自己的傷痛。也就是說，養育孩子的同時，也是在重新養育自己內在那個受傷的小孩。

關係是傷也是藥。與重要他人之間的關係會讓我們受傷，但也因為這份關係讓我們有了療癒的可能。國外有多項研究證實，在所有心理治療中，獲得療癒的最大關鍵，不在於任何技術，而在於治療師與個案之間的關係。

我常常覺得，自己在諮商個案的過程中，就像是在養育個案受傷的內在小孩長大。個案會挑戰心理師、會試探底線、會出現不良行為，觀察心理師的反應，試探心理師是否會失望，甚至遺棄案主。

正如同孩子會不斷去試探父母對他的愛，一方面渴望安全的關係，一方面又因為無法信任，才會一直做出傷害關係的不良行為，以確認這份關係足夠安穩。有些父母沒能通過孩子的測試，導致親子關係變得緊繃而疏遠；有些父母則為了通過測試，變得過度溺愛，以為任何拒絕都會傷害關係。

當父母真的有這麼難嗎？英國精神分析大師溫尼考特（Donald W. Winnicott）似乎不這麼認為。擅長客體關係理論的他，基於自己對母親與嬰兒關係的長年研究，提出了「夠好的母親」（good enough mother）這個概念。也就是說，我們不需要當「完美」的父母，只要當「夠好」的父母，對孩子來說就已經足夠。

溫尼考特認為，母親是環境的一部分，身為孩子的照顧者，重要的是能提供促進發展的環境。父母無法總是犧牲自己的需求，以滿足孩子的期待。事實上，父母讓孩子失望是必然的，這是孩子學習的一個絕佳機會，因為在社會上的正常互動，不會有人百分之百滿足我們的期待。

因此，比起當個「完美」的父母，我們要做的應該是「夠好」的父母。沒有父母可以當聖人，想要不傷害親子關係，過度討好、溺愛孩子，只會妨礙孩子的身心健康發展。

我認為，成為父母有一個很重要的學習，那就是原諒與肯定。原諒自己不是完美的人，當然也不可能是完美的父母，雖然非出於本意，但我們也曾經犯錯，傷害了孩子的心。同時也肯定自己，為了擁有更好的親子關係，為了成為更好的父母，一直很努力擺脫過往父母帶給自己的桎梏。

先能原諒與肯定自己，才有能力原諒並肯定孩子。

我希望這本書能幫助那些自認為不懂孩子的父母，讓他們真正了解青少年的內心世界，跟孩子建立「關係」卻不過度溺愛，同時也透過與孩子的互動，照見自己，更了解自己的內心世界，與自己和解。

這本書的另一個重點，在於網路世代的親子關係。現代社會因為科技發展，不但改變了我們的生活方式，也改變了人與人之間的交流和互動。雖然親子之間本就存有跨世代溝通的問題，但網路的出現，讓世代間的隔閡更加明顯。此外，智慧型手機的普及，也大大影響青少年運用時間的方式。

研究世代差異超過二十五年的特溫格教授（Jean M. Twenge），她在《i世代報告》一書中指出，現代青少年變得較少出現叛逆期，對於差異更加包容，卻也出現嚴重的心理健康危機，例如憂鬱、失眠、自殺、社交恐懼、性別與性向認同等等。這是因為，現代青少年在生理方面雖然被家長保護得很好，心理方面卻相當脆弱，且延遲長大，明明是大學生卻表現得像嬰幼兒一樣，甚至需要帶睡覺放在身邊的玩偶來教室上課，才足以慰藉自己、獲得安全感。

我長期在學校擔任輔導工作，近身觀察網路對世代間造成的影響，希望藉由大量與青少年晤談的實務經驗，做為孩子與家長間跨世代的溝通橋梁。讓青少年在最徬徨不安的時期，有值得信賴、依靠的家長相談；讓家長為孩子指引方向，成為他們的領航員。

最後，為保護當事人隱私，所有的案例皆經過修改，如果覺得案例中的故事跟家裡的很像，是因為家庭問題本來就有許多共通點，相似的家庭故事總會一再上演。希望這本書，能為家庭帶來不同的相處模式。改變，從我們這代開始！

第一部

教養青少年的關鍵思維

青少年的暴走，其實跟嬰兒的哭鬧是一樣的。
差別只在於，一個看起來很嚇人，一個看起來很無害，
但背後都是在傳達同樣無助的訊息：
「我很不舒服，可是我不知道該怎麼表達，請幫幫我。」

青少年家長，你準備好了嗎？

通常，內在愈脆弱的人，外表就會武裝得愈堅強，看似不需要任何人，其實內心充滿恐懼不安。青少年正是處於這樣的狀態。他們看起來渾身都是刺、聲音很大、氣場很強，讓人害怕跟他們談話，但其實青少年內在是充滿不安的。

首先，在生理方面，他們體內的荷爾蒙開始急速變化，對於成長痛感到不舒服；有的人胸部開始發育、生理期帶來劇痛、神經抽高、夢遺等等。熟悉的身體突然變得陌生，他們需要時間適應自己的身體變化，學習跟身體和平共處。

在認知方面，他們開始有了自己的主張，期待可以獲得更多生活的控制權、擁有自由。他們嘗試與照顧者溝通，技巧卻相當不成熟，傷人七分，自傷三分，時常感到受挫。

雪上加霜的是，荷爾蒙的狂飆，不只影響生理，也影響情緒中樞，讓青少年容易衝動，變得極端，情緒波動起伏大，難以控制。他們有時候連自己也不知道自己怎麼了，但負責衝動控制、語言表達與情緒管理的「理智腦」（大腦前額葉皮質）卻要到二十五至三十歲才會發展成熟。

他們用強烈情緒碰撞著一切，感覺生理心理都失控了。

至於人際方面也好不到哪裡去。這時的青少年處於一個找尋自我認同與同儕認同的時期，人際小圈圈變化很快。今天我跟你好，一個月後我換到另一個團體中，甚至藉由跟另一個團體的人欺負、霸凌舊朋友，博取新團體的認同感，人際相處充滿脆弱、煩惱。也因為溝通技巧不成熟、情緒衝動控制不佳，讓他們時常覺得自己搞砸了一切。

青少年的狂飆期，讓他們面臨許多不確定性，感覺自己就好像坐在雲霄飛車上，卻無法控制一切，連情緒行為也是。當雲霄飛車上升到最頂端，他們不知道衝下去會發生什麼事，只能夠靠胸前的安全壓桿，保護他們不掉出雲霄飛車。人本能性的會反覆測試安全壓桿，希望這壓桿夠牢固，不會讓自己摔得粉身碎骨。

對青少年來說，他們的主要照顧者就是唯一可以保護自己的安全壓桿。他們會透過不斷測試、刺激、推開父母，來確認在如此充滿不確定性，甚至連自己都無法信任的時刻，父母是唯一穩固可靠安全的，是可以被信賴跟倚靠的。

只是，青少年已經不會像孩提時代，用直白、可愛、撒嬌的方式，告訴父母「我需要你」、「請陪伴我」、「我很迷惘害怕」，他們不會展現脆弱的一面，而是武裝自己，用張牙舞爪，甚至用可恨傷人的方式，來表現這些求助訊息。

你知道嗎？青少年的暴走，其實跟嬰兒的哭鬧是一樣的。差別只在於，一個看起來很嚇人，一個看起來很無害，但背後都是在傳達同樣無助的訊息：「我很不舒服，可是我不知道該怎麼表達，請幫幫我。」

青少年時期是孩子學習如何表達、調節自己情緒的二次成長期，第一次情緒成長期則是幼兒時期。幼兒對情緒是一團混亂的；幼兒並不知道自己的哭，代表什麼情緒；幼兒需要靠爸媽幫他指認出情緒，帶他認識情緒。比如爸媽要在幼兒跌倒的時候，告訴幼兒：「你是不是覺得痛，所以哭啊？」

當幼兒學到，原來這是代表痛的情緒，以後幼兒就可以用說「痛」來表達，而不是用哭來表達。幼兒是透過父母一次次指認出情緒，以認識並表達情緒。但如果父母在孩子幼兒時期，當孩子哭時，總是告訴他：「不要哭，哭有什麼用？哭可以解決問題嗎？」於是幼兒沒機會歸類自己混雜的負面情緒，也不知道該如何表達，只知道壓抑。這樣的孩子到了青春期，情緒仍處於一團混亂。

有些青少年選擇繼續壓抑情緒，也有些青少年會嘗試與情緒正面對決，以激烈的方式表達情緒。無論何種方式，他們對於情緒同樣感到不知所措。或許，他們的父母對於情緒，也同樣感到不知所措，沒人知道該拿情緒怎麼辦，情緒在這樣的家庭中，就像是地雷一般的存在，誰也不知道什麼時候會不小心引爆。結果，家裡的每個人只好小心翼翼的與家人互動，卻動不動就踩到雷。

事實上，情緒的存在是一件很自然的事，只要是人，就會有情緒。情緒沒有對錯，也不分好壞。例如，當孩子用手機用得正起勁，突然要被沒收，任誰都會感到不開心。有情緒不是問題，問題是該怎麼表達情緒。

例如，孩子可以選擇用大聲抗議，或是爭吵來表達不滿，也可以選擇跟爸媽談判，表達自己很累、很需要看影片來放鬆，那是他紓壓的方式。他可以跟爸媽討論，往後用手機的時間，是否可以比原本規定的多十五分鐘，如果課業退步，就回到舊有規定的時間，詢問爸媽是否同意等等。

因此，父母在青春期孩子大暴走時，要教給孩子的，不是「脾氣好一點」或是「放尊重一點」，而是教導孩子如何控制情緒，並發展談判技巧，學習與父母協商溝通，畢竟，這也是未來進入職場必須具備的能力。否則，孩子小時候聽爸媽的，長大後就聽主管的，黑鍋自己扛，功勞給別人。

用叛逆來討愛

阿德勒學派心理學大師魯道夫・德瑞克斯（Rudolf Dreikurs）指出，當孩子感到不安的時候，會用四種錯誤的方式與父母互動，渴求獲得歸屬感和價值感。孩子用錯誤的方式來索求愛，實際上卻把身旁真正關愛他們的大人給推遠了，這讓青少年感覺挫折，愈拚命使用錯誤的方法以達到目的。

但父母也是人，在被測試的過程中，也會引發自己的心理議題。父母跟著崩潰、抓狂，與孩子相互指責攻擊，彼此留下滿身傷痕，形成關係上的惡性循環。教育心理學家簡・尼爾森博士在《溫和且堅定的正向教養》一書中提到，孩子常使用的四種錯誤行為，其目的與背後的潛在信念，並為家長提供一些賦能孩子的方法。

一、過度尋求關注

我們每個人都渴望自己在他人眼中是特別的、被重視的，但有時候，孩子會以錯誤的方式來尋求關注。例如，想辦法讓自己獲得特殊待遇，或讓身邊的人為自己忙得團團轉，來感受自己的特別與重要。他們心中呼喊的口號是：「看我，多注意我一點！我也想參與，我是有用的人！」

此時，若父母師長用哄騙的方式或幫孩子處理他自己該處理的事情，孩子的問題行為可能會暫時好轉一陣子，但過不久會再次發生同樣的不良行為，讓父母師長感到煩躁、困擾、擔憂或抱歉。

簡・尼爾森博士在書中建議，對於孩子因尋求關注而做出的不良行為，父母師長可以用以下賦能孩子的方式回應：

- 請孩子協助完成某項重要工作，讓孩子感覺自己很重要、被重視。
- 避免給孩子特別待遇。
- 召開家庭會議。
- 相信孩子處理問題的能力，不要幫孩子或拯救孩子。
- 給孩子專屬時光的相處。
- 讓孩子一起思考解決問題的方法。

二、爭奪權力

當父母在管教的過程中，企圖用權威來控制孩子的時候，孩子也會用叛逆的方式爭奪主導權。孩子可能會變本加厲、為了反抗而反抗，或是表面順從背地搞小動作，讓父母師長感到憤怒、被挑戰、被威脅，甚至有種被打敗的感覺。

孩子叛逆行為的背後，所傳遞的訊息是：「你無法讓我屈服，我要當老大，獲得控制權，為所欲為，才代表我是重要的。」面對孩子的爭權，父母師長可能會想讓孩子知道誰才是老大、逼迫孩子屈服、懲罰孩子或不斷說理證明自己才是正確的，爭吵擴大，最後勢必有一方得退讓，但無論是誰贏，雙方都輸掉了這段關係。

孩子在青少年階段，想要更多權力是正常的，但他們需要大人的引導，學習用建設性的方式獲得、使用權力。當他們向父母爭權的時候，其實是用很凶悍的方式，表達「我想要有選擇權」或「我也想幫忙」。

簡．尼爾森博士在書中提到，父母可以使用下列賦能的方式，來回應想要爭權的孩子：

- 在框架內讓孩子做選擇。例如，吃飯前玩手機半小時，或是洗澡後玩半小時。注意過程中不要爭吵，也不要退讓。
- 請孩子幫忙，正向聚焦孩子在過程中的努力。

- 在衝突中按下暫停鍵，調節自己的情緒。
- 召開家庭會議。
- 發展對彼此的尊重。
- 與孩子的共同決議要貫徹執行。

三、報復

當孩子感覺受到傷害，或覺得自己受到不公平待遇時，他們會直覺以報復的方式來反擊對方，甚至激化衝突，讓父母師長感覺受傷、失望、厭惡與不信任，認為孩子怎麼可以這樣對待我，反射性羞辱、攻擊孩子。

當孩子選擇報復時，所傳達的內在訊息是：「你對我的方式，讓我覺得自己很不重要，我很受傷。我相信，我唯一的選擇就是反過來傷害你，讓你知道我有多痛。」他們用激烈的行為，表達「我希望你知道我的感受」、「我不屬於這裡」、「沒人喜歡我或愛我」。

身為成年人，當孩子採取報復行為時，我們有責任當成熟的人，去了解孩子到底發生什麼事情，思考該如何打破惡性循環。

以下是簡・尼爾森博士所提供的賦能回應方式：

- 看見並承認孩子受傷的情緒。
- 認同感受，但不認同錯誤行為。
- 安撫自己的傷痛，調節管理自己的情緒。
- 避免落入懲罰和報復。
- 傾聽，並摘要孩子所說的話。
- 分享感受，但避免落入指責或情緒勒索。
- 使用「我」開頭的語句，而非「你」開頭。
- 建立信任。
- 對孩子一視同仁，不偏心。
- 召開家庭會議。

四、自暴自棄

青春期的孩子對自己充滿迷惘，有時候覺得自己一無是處，相當挫敗，於是放棄嘗試。孩子的潛在信念是「我不完美，我不屬於這裡」、「大家如果對我抱有期望注定失望」、「我很無助／無能」、「何必嘗試，反正我一定做不好」。

孩子的沮喪和無力會感染大人，大人或許跟著放棄孩子，或許為孩子代勞，一肩攬起孩子該做的事情，卻發現孩子怎麼變得更加退縮、消極、退步。當孩子自暴自棄時，其實是在傳遞求助訊息，他們呼喊著：「不要放棄我！」「我需要引導，教我如何踏出一小步！」

這時候，大人可以用簡·尼爾森博士提供的賦能方式回應孩子：

- 將目標切割成許多小步驟。
- 鼓勵、正向聚焦孩子努力的歷程，而非結果。
- 避免評價、批評。

- 相信孩子的能力。
- 不要憐憫或放棄孩子。
- 製造成功的機會。
- 可以示範與引導，但不要為孩子代勞。
- 以孩子的興趣為基礎。
- 召開家庭會議。

如果你不太確定自家孩子的錯誤行為目的為何，聆聽自己的內在感受，是最好的指引。

如果你與孩子互動時，感到煩躁、抱歉、擔憂、困擾，總得付出很多注意力，那你家孩子很可能就是「過度尋求關注」；如果你感覺被自家孩子打敗，有種憤怒、總是被挑戰的感覺，那麼孩子很可能是想要「爭奪權力」；若感受為受傷、厭惡，覺得無法再信任孩子，孩子很可能是使用「報復」；若與孩子同樣身陷絕望，感覺無助無力，則孩子屬於「自暴自棄」。

除了上述四種，其實還有第五種錯誤目的，可能與四種錯誤目的同時發生。第五種錯誤目的就是「尋求刺激」，如果你常常因為自家孩子的行為感到恐慌、害怕，甚至有種嚇壞了的感受，別懷疑，你的孩子正表現出「尋求刺激」的錯誤目的。尋求刺激的欲望，讓青少年沉浸在強烈的感官刺激之中。過於冒險、追求新事物，尤其當心靈受挫的時候，會以飆車、性氾濫、抽菸、吸毒、喝酒等負面方式尋求刺激。此時需要父母師長引導孩子如何以正向、安全的方式找尋刺激，例如運動、出國旅遊，或是選擇有挑戰性的課程等等。

父母面對孩子的四種回應

孩子無意識使用錯誤的方式來索愛，若父母未對孩子的不良行為有所覺察，孩子可能會獲得以下四種不同的回應方式。一起來看看，不同類型的回應各自對親子關係帶來的影響為何。

一、控制型回應

採取控制型回應的父母，很容易將孩子張牙舞爪的求救訊號，視為叛逆。當面對孩子試圖奪權，以及隨之而來的質疑與反抗時，父母會用更強勢的權力逼迫孩子聽話，導正孩子的「偏差行為」，例如禁足、取消零用錢、沒收手機、體罰、收回對孩子的愛等等。

在這樣的家中，孩子是不能有自己的聲音的，一切以父母意見為主。選科系時，選擇父母要的科系；朋友只能交父母認同的；就連去餐廳點菜，也不能點自己愛吃的食物。雖然父母會問孩子要吃什麼，但是當孩子決定了，卻又指責孩子吃這個不營養，為了你好，別吃垃圾食物。

採取控制型回應的父母，在處理孩子問題的時候，會思考：

- 我該給孩子怎樣的懲罰，才能制止孩子的不良行為？
- 我該怎麼做，才能讓孩子「在意」我？
- 有沒有速成的教養方式可以快速讓孩子改變？

- 我該怎麼做才能讓孩子的問題消失？
- 我希望孩子了解我的用心良苦，對於我的安排多配合，做我希望他們做的事情。
- 我希望孩子了解「不行就是不行」，有意見分歧的時候，孩子乖乖聽話就好。

他們的目的是為了讓孩子變好，卻採用讓孩子感覺自己很糟糕的方式管教。例如，為了及時教育孩子，所以在公眾場合處罰、羞辱孩子。問題是，科學研究證實，讓人感覺自己很糟糕，其實是干預學習的。

當青少年被辱罵時，腎上腺素激升，感到焦慮、腦袋一片空白；掌管腦內情緒的杏仁核（amygdala）引發孩子戰或逃（fight-or-flight）模式，這種模式無助於吸收回饋、修正問題，白白錯失學習改正的大好機會。孩子只知道這樣做不對、覺得自己很糟糕，對自我形成負面評價。

控制型回應下的孩子，潛意識接收到的訊息是：「我沒有能力處理任何事情。」有些孩子變得退縮、不安、極度沒自信、不敢做決定；也有些孩子不甘於被父母控制，開始想要推翻父母，他們從父母身上學到的是：「強權就是公理。」為了抗爭，他們就會開始處處與父母做對，親子關係因而變得緊綳、對立。

當孩子被父母用控制型的方式回應時，他們會覺得這是「有條件的愛」，只要自己的表現不符合爸媽期待，爸媽就會把愛收回。他們心中默默覺得，無法在父母面前成為真實的自己。可是，孩子是不會輕易放棄的。孩子渴望能夠在父母面前展現真實的自我、被父母接納，產生深厚的連結。於是，孩子會一次次碰撞、測試，尤其愈叛逆的孩子，心中渴求父母的愛，其實是愈大的。

當他們放棄抗爭之時，也就是放棄與父母的連結之時。從此，他們會分裂為雙面人，在父母面前表現一面，私底下又是另外一面。親子之間的心理距離遠到不能再遠，彼此的內心都承受著巨大的痛苦與煎熬。

習慣採取控制型回應的父母，需要學習放手讓孩子自己做看看，即便冒著失敗的風險也沒關係，失敗是學習的機會，孩子需要練習獨立做決策，並為自己的決策負責，幫助自己在未來成為一位成熟的大人，而不是永遠依靠爸媽。

二、忽視型回應

採取忽視型回應的父母，無論孩子以什麼形式展現不安與焦慮，這類父母都無法接收到。他們可能是實際上的缺席，可能在心理上缺席。也有可能，父母才是那個需要被照顧的人，孩子必須親職化，當個小大人，照顧父母的需求。

父母或許曾經嘗試過、努力過，也絕望過。最終，他們放棄當父母的職責，在心理上遺棄了孩子。最常見忽視孩子的方法，就是埋首於工作中，安慰自己有為家庭做出貢獻，指責孩子不成熟懂事；要不然，就是將教養責任外包，讓孩子到私立學校住宿，或是把孩子丟給老師管教。

此時，孩子接收到的訊息是「你不值得我花費時間心力」，因此會覺得「大人是不可靠的」。

就讀九年級的皓瑜曾告訴媽媽，她感覺自己不對勁，總是覺得沮喪、低落，甚至出現自殺的念頭，她懷疑自己有憂鬱症，希望媽媽帶她去看精神科。沒想到媽媽不在意的說：「小孩是不可能得憂鬱症的。」就此對孩子的狀態不聞不問，連她到底發生了什麼事情都不知道。

「那你怎麼辦？」我問皓瑜。皓瑜說，她就拚命忍啊！忍啊忍，忍不下去的時候就割腕，讓痛覺痲痺自己。

「可是媽媽還是假裝沒看到，明明我割腕的痕跡這麼明顯。」後來，她再也不想待在這個冷漠的家，告訴媽媽要去住宿，但媽媽好像很受傷，覺得被遺棄，還放狠話告訴皓瑜，去住宿的話就別想回家，即便放假也不會去學校載她。

「後來，媽媽真的不太來載我回家。明明是她先遺棄我的，為什麼還會覺得是被我遺棄，這樣報復我，讓我更受傷……」皓瑜說，自從去學校住宿之後，她幾乎半年才會跟媽媽見到一次面。

好不容易忍到長大，也早就放棄從爸媽那裡得到關愛了，皓瑜把期待都放在男友身上，誰對她好，她就跟誰交往。但皓瑜從沒遇過真正對她好的男人，都只是在利用她罷了！皓瑜說：「沒有人真的關心我，都是在利用我。我也放棄我自己了，就讓自己爛到底吧！爛到哪天死了也不會有人在乎。」

受忽視型回應長大的孩子，容易質疑自己存在的價值。為了獲得父母的關愛，孩子可能會故意變得很糟、很壞，試圖吸引父母的注意。

「負面回應也是一種回應，總比沒回應好。」愛的反面是恨，若沒了恨，也沒了愛，家裡只剩下令人窒息的冷漠。對孩子來說，若唯一的選擇是放棄，只好離家出走，去其他地方找尋歸屬感。或是將父母的忽視，解讀為自己的錯，拚命討好博取認同，內心卻受到巨大的精神折磨，導致失眠、憂鬱等問題纏身。

選擇以忽視回應孩子的父母，有兩種可能的狀態。一種是自顧不暇，無多餘力氣照顧孩子，此時父母需要尋求幫助，優先照顧好自己的狀態，別再硬撐。

另一種是對於管教孩子深陷絕望，或許父母一開始曾試圖以控制的方式管教孩子，卻遭遇孩子強烈衝撞，覺得自己管不動也不敢再管，轉而忽視孩子的偏差行為。這時候，父母需要多花點心力，涉足自己不懂的領域，並尋求專家協助改善親子溝通，而非欺騙自己一切都沒問題。

三、溺愛型回應

採取溺愛型回應的父母，會過度為孩子付出、極力討好孩子，當孩子闖禍，就會默默幫孩子善後，不敢斥責孩子一聲。溺愛型的回應，會讓孩子太過以自我為中心，認為所有人都虧欠自己、必須為自己服務，想要的就要得到，無法面對痛苦與失望。

在現今少子化的社會，許多父母只有一個孩子，爺爺、奶奶、外公、外婆、爸爸、媽媽都讓著孩子，孩子潛意識會知道，自己是家中位階最高的小霸王，誰也管不了自己。雖然看似自由，但孩子內心深處，卻又隱隱有種被遺棄的感覺。因為當小霸王意味著，家中沒有比自己更強大的人來保護他、指引他，這件事情其實會讓孩子很不安。

雖然孩子在青春期，經常會挑戰父母的底線，但前面提過，青春期的孩子，連自己都控制不住，整體是相當不安穩的，需要有父母為他們守住底線。若家中有人是捕手，能穩穩守住邊界，孩子會知道，無論自己橫衝直撞得再厲害、失控得再嚴重，都無法衝破父母設定的底線和原則，這在心理上會帶給孩子相當大的穩定感。

但在充滿溺愛型回應的家中，沒有一定的底線跟原則，孩子無法有安穩的感覺。溺愛在某種程度上，其實與忽視有異曲同工之妙，都是放棄管教的責任，只是一個完全不理孩子，一個默默幫孩子善後，兩種都沒能起到「教導」孩子的作用。

李雲是高中生，經常蹺課去打籃球，而且自己去就算了，還拉著同學一起，嚴重影響老師的班級經營。班導師告訴家長孩子蹺課的情況，請李雲的爸爸多加管教，沒想到，李雲的爸爸反而希望請老師來管。原來，爸爸一直覺得自己忙於工作，虧欠李雲，希望自己在李雲心中是個形象良好的爸爸，如果老師去處理，李雲起衝突的對象就會是老師，不會是爸爸。

可是老師也拿李雲沒轍啊！李雲總嗆聲說：「我爸都不管了，你管什麼！」班上同學一派挺李雲，一派討厭李雲，造成班級對立，開始產生霸凌問題，老師也感到相當困擾。後來，李雲甚至連學校都不去了，成為拒學的一份子。

小依同樣拒學，但情況跟李雲相反。小依相當乖巧，認真上進、喜歡讀書，只是患有社交恐懼症，只要在課堂上被指名要回答問題，就會情緒大崩潰，躲在房間哭，不敢去上學。

每當小依情緒崩潰，就會連帶影響媽媽跟著崩潰。媽媽會拜託老師，請老師不要再點名小依發言。老師鼓勵小依自己來跟老師討論，練習社交互動，但小依只會一直流淚，不知所措。最後媽媽帶小依一起來找老師，可是過程中小依不發一語，都是媽媽在跟老師討論。

每當小依在公開場合有人找她說話，她就感到恐懼，拉著媽媽去幫她回應。問題是，未來出社會，小依不可能帶著媽媽在旁邊當發言人啊！媽媽的愛成了小依的毒。應當破繭而出的蝴蝶，被保護在罐子中，無法伸展翅膀，永遠失去了飛翔的能力，只能一輩子待在罐子裡被呵護餵養。

在心理治療中，治療恐懼症的唯一方法，就是去面對恐懼，因為恐懼往往是想像出來的，愈不面對，恐懼就會愈大，會想像出很恐怖的後果來嚇自己。但真實去面對恐懼，反而會發現事實跟自己想像的不一樣，才有機會讓舊有的恐懼，產生新的經驗去覆蓋。

媽媽溺愛小依，助長了小依不去面對她的社交恐懼，同時鼓勵小依繼續逃避社交，加深她的恐懼，讓症狀更嚴重，不但影響同儕間的人際發展，影響就學，最後連出社會找工作都成了問題。

父母必須了解，幫孩子善後的同時，其實也是在剝奪孩子學習的機會，孩子不是覺得自己是全能的霸主，就是覺得自己沒能力面對這個世界，但這兩種都會讓孩子未來在職場上的人際相處出問題。父母對孩子的愛，可以是既溫和又堅定的。對人可以溫和，同理孩子的情緒，但是對於原則、底線要堅定，制定明確的規則，並有徹底執行的勇氣。

四、開明型回應

採取開明型回應的父母，會以鼓勵和民主的方式與青少年互動，主張不處罰也不溺愛孩子，而是用「對人溫和，對原則堅定」的態度與孩子互動，不評價、羞辱、否定孩子的自我價值，同時堅守原則與底線。重視對於過程的鼓勵，看到孩子的努力與進步，不會只針對成功與否的結果給予讚美。

開明型的管教方式看似無為而治，但要注意，這跟溺愛型不同，開明型仍會負起管教的責任。當孩子犯錯，父母會詢問孩子打算怎麼解決問題，教孩子如何釣魚，而非直接給孩子魚吃，一肩攬起孩子所有問題。

此時父母會與孩子一同討論需要遵守的規則，而非單方面制定；主張孩子有能力解決問題，父母則扮演輔助的角色，可以從旁引導協助孩子，但願意放手讓孩子去思考解決問題的方法，並對自己的決策負責任。

若孩子行為不良，就讓孩子承擔「自然後果」，不需要刻意處罰。假如孩子不去考試，自然後果就是孩子要自己去跟老師解釋，請求老師給予補考機會，但不需要外加處理，例如打罵孩子，讓孩子知道不去考試的嚴重性。如果父母過度替孩子擔憂，孩子就不會為自己擔憂，永遠不會長大，學習為自己負責任。

青少年面臨的許多問題，包含戀愛、飲酒、性、抽菸、打架、離家出走、輟學、網路成癮等等，引發家長的擔憂，如果不在前期就對孩子嚴加管控，孩子很可能就陷入災難，無法挽回。

於是父母拿起衣架和藤條，用高壓的方式管教孩子，禁足、打罵、沒收手機和零用錢，卻發現這些方法，推遠了孩子，造成親子間的隔閡。孩子在父母面前表現一套，背後表現一套，不然就是直接在父母面前變得很叛逆，讓父母不知道如何是好，最後採取否定、放棄孩子的態度。

臨床心理學博士亨利．克勞德（Henry Cloud）在《他人的力量》一書中提到，根據腦迴路的研究顯示，當人處於負面情緒，腦中負責高表現的部分會關機，負責較低表現、被動的部分開始活躍。反之，在沒有遭遇負面情緒下，會較有學習能力，專注力較高、投入度高，更能清晰思考，處理資訊能力也較好。

開明型回應下的孩子，敢在父母面前展現叛逆、闖禍，讓父母有機會介入。父母無法阻擋孩子不犯錯，但父母可以做的是，在孩子犯小錯時，引導孩子思考下次如何避免錯誤，從錯誤中學習並成長。

腦迴路研究認為，當我們透過聽從他人指示的方式學習，只能記住百分之十到二十；但如果是自己嘗試解決問題，透過親身經歷的方式，可以記住百分之八十之多，且過程中透過父母給予的回饋與引導，讓孩子自己解決問題，會讓新能力在腦中成長，真正學到新東西。

這裡要特別注意，自己是「真開明」還是「假開明」，青少年是很敏感的，他們可以感受到，父母是不是真的可以接受他們的某些行為、是不是真的可以談敏感話題，還是表面上好像什麼都願意談論，但其實只願意聽到期待的答案。

假開明的回應方式，容易讓孩子感覺到背叛、受傷，當孩子相信父母，以為父母真的願意討論，沒想到說出實話卻遭受父母的責罵、羞辱，這對孩子來說，會覺得父母是「騙」自己說出來，不是真心誠意要跟自己站在同一陣線，一起思考如何解決問題，孩子就會產生更重的心防，漸漸無法相信父母。

採取開明型回應的父母，是以鼓勵和民主的方式與青少年互動，回應的目的不在於打擊他們的自信，而是期待培養孩子成為獨立負責，同時又具備同理心的成熟大人。事實上，開明型回應，正是以阿德勒心理學為基礎發展而來的「正向教養」模式。簡・尼爾森在《跟阿德勒學正向教養青少年篇》一書中提到，正向教養著重在管教過程中，讓孩子學到：

- 溝通技巧與解決問題的能力。
- 父母與孩子能相互尊重彼此意見。
- 自由同時意味著責任。
- 錯誤是學習的機會，錯誤並不可恥。
- 家庭成員有各自的生活要過，並非以某人為宇宙中心。
- 父母會與孩子一起承擔所有決策的後果，尊重孩子的決策，讓孩子學習為這些決策的後果負責，過程中不貶低、辱罵孩子。

選擇正向教養的父母，期待自己的回應能夠帶給孩子長期有效的引導，而非短暫有效、長期來看卻有害的回應方式。以下是正向教養的父母，在處理孩子的問題時，會先提醒自己的幾個問題：

- 在處理孩子問題時，怎麼做才能讓孩子從錯誤中學習，變得更有能力？
- 我會提醒自己，孩子的改變需要時間，不要急著想看到成效，鼓勵自己一步一腳印。
- 當我或孩子犯錯時，可不可以原諒自己或孩子，將問題視為成長學習的機會？如果再次犯錯，如何再試試看，而不是放棄？
- 對於「怎樣安排對孩子才是好的」，青少年的主張跟我不同時，我是否願意尊重他們的意見？
- 我該如何幫助孩子發展感受性詞彙，學習分析自我感受，並將這些情緒化為言語表達出來？
- 我希望自己能進入青少年的世界，支持孩子，幫他們發展歸屬感與自我價值感。

現在有愈來愈多父母，採取開明型的回應方式正向教養孩子。我曾對六十位大一新生進行問卷調查，其中有超過三分之二的學生表示，他們的媽媽很開明、有趣、像朋友一般，有心事會跟媽媽說，這是跟上個世代採取打罵教育很不同的教養方法。可惜的是，問卷上看來，多數學生對於父親的描述是「嚴肅、呆板、保守、接觸少、忙於工作」，比較不會跟爸爸談心。希望在下個世代，無論父親或母親，都能成為孩子的心理支持系統，而非單純的物質支持。

採取正向教養的風格，一開始可能會讓父母覺得很不自在，懷疑自己是否讓孩子找藉口躲過懲罰，害孩子走偏。對許多父母來說，管教方式並不是僵化的，大多會來回在控制、溺愛、忽視、開明之間遊走，只是比例多少的問題。

尤其是懲罰或拯救的教養方式，可以在短期內立即看到效果，父母較能感到安心。但是回過頭來，父母也要捫心自問：「孩子從中學到了什麼？」

如果孩子從父母教養中學到的，是一生受用的技能，那沒問題；如果孩子學到的，不利於孩子未來在社會上生存，或許可以調整教養方式再嘗試看看。

套句正向教養的名言：「錯誤是學習跟成長的機會。」沒有不對的教養方式，只是需要調整、再嘗試、再調整，直到適合自己與孩子。

小測驗

你是哪種類型的父母？

快遞送了四個包裹給你，但看過之後你發現你全都不想要。快遞堅持只能退回其中一個包裹，請問你會退回哪一個？

- 拒絕與爭論
- 批評與嘲諷
- 無意義與不重要
- 痛苦與壓力

想好要退回哪一個包裹了嗎？請寫下來：＿＿＿＿＿＿

這個包裹，就是你所選擇的「首牌」（Top Cards）。

批評與嘲諷

老鷹
性格特質：控制

痛苦與壓力

烏龜
性格特質：安逸／逃避

拒絕與爭論

變色龍
性格特質：取悅

無意義與不重要

獅子
性格特質：優越

首牌代表的是一種生活態度，最初由以色列心理學家凱弗（Nira Kefir）提出。琳．洛特（Lynn Lott）等人合著的《做你自己的心理治療師》（*Do It Yourself Therapy*）則是把這四種生活態度取向與四種同等性格的動物相聯繫起來，讓人容易理解。簡．尼爾森（Jane Nelsen）更是將其廣泛運用於「正向教養」之中。

該理論認為，人的許多行為都是由隱藏的潛意識所決定，同時這種生活態度取向也代表了一個人的個性。因此你所選擇的「首牌」，代表你在壓力、衝突或緊繃狀態下會呈現的人格特質。

想像一下，習慣取悅對方的變色龍女兒和充滿控制欲的老鷹母親，或是力求優越表現的獅子爸爸和安逸的烏龜兒子，他們在相處時會發生什麼事？

首牌可以幫助我們了解家長與青少年之間的相處，許多時候，並不是誰故意要惹對方生氣，而是因為性格不同，導致彼此的需求與行為模式不同。

首牌性格說明

取悅的變色龍

你是一位值得他人信賴、貼心、有很多朋友的人，對他人感受敏銳覺察、樂於助人，給人沒有威脅性且正向的感覺。

當面臨壓力時，你仍友善對人，常常順應對方說「好」，但內心真實的心聲是「不好」。面對衝突的時候，不敢攤開來談，容易退讓、希望別人開心，比較會考量對方，忽略自己。有時候明明過得不好，卻還逞強說自己沒事。

你取悅他人的同時，也期待別人可以懂自己、取悅自己。你希望別人可以理解自己，珍惜自己的付出。當對方不珍惜你的心意時，你會感覺被忽視和不滿，失去自我價值感，開始拒他人於門外，引發報復循環。

建議變色龍可以嘗試更開放、誠實表達自己的想法與感受，勇於拒絕並堅持界線，多關注於自身，而非將焦點放在取悅他人，留點時間獨處，需要的時候勇於開口求助，允許其他人表達他們的感受，可以情緒上支持但無須過度承擔別人的問題，為他人付出的時候，詢問他人怎麼做是對方想要的，而非以自己認為好的方式付諸行動。

變色龍喜歡別人表達對他的愛、重視與感謝，口語或肢體上的鼓勵性接觸都很可以。在跟變色龍相處時，多多鼓勵變色龍表達他心中真實的感受，讓他了解自己是可以實話實說的。一直取悅他人的變色龍，希望能夠獲得他人的喜愛與認同，希望除了付出之外，偶爾也可以有人照顧自己。

控制的老鷹

你是優秀的領袖，危機處理能力很強，善於組織、守法、有生產力，給人自信、有毅力的感覺。你總能把事情做好，並找出解決問題的辦法，主導性強的你，總能得到想要的事物。

當面對壓力時，你會忽略自己的感受，選擇隱忍，不想讓別人發現自己的弱點，與人社交時會保持情感上的距離，不喜歡被批評指責，卻經常批評指責他人，防衛心較重，態度較不開放，喜歡用命令式語句與人對話，容易陷入權力鬥爭中。

建議老鷹可以學習傾聽，不急著辯解，衝突時學習留在關係中，而非轉身離開。適度將責任或任務委派給他人承擔，多提醒自己無須為他人負責，只要為自己負責就夠了，嘗試尋求他人協助，讓自己有不同的選擇。處理他人問題時，採取一次一小步的方式，過於急躁反而會讓對方壓力太大並感到挫折絕望。

跟老鷹互動時，要了解老鷹喜歡聽人家跟他說：「好，聽你的！」因此不要與老鷹對著幹，讓老鷹參與決策，老鷹需要適度的選擇權與主導權。對老鷹來說，獲得他人的尊重、配合與忠誠對待非常重要，老鷹希望別人可以信任他，放手讓他做想做的事情。當與老鷹發生衝突的時候，可以嘗試主動詢問老鷹的感受，給老鷹時間和空間整理自己的所思所想，即便比老鷹能幹，老鷹仍希望自己握有一定的掌控權，規劃自己的生活。

優越的獅子

你的知識淵博，做事精確、主動，不用等別人告訴你該完成什麼，你就已經先做好了，自信滿滿的你，常常接收到很多讚美與獎賞，你讓人無法忽視，啟發他人。

當面臨壓力時，你會自我批評，覺得自己應當可以做得更多、更好，所以不快樂，有時難以忍受身邊有這麼多不完美的人，看不起一些人或事，忍不住糾正他人，甚至做過頭或做太多。預設許多「應該」存在，容易與人爭吵、固執己見、抱怨或對他人感到憤怒。有時候事情多到應接不暇，會開始什麼事情都不想做，甚至花許多時間懷疑自己的價值。

建議獅子可以試著別再找戰犯或錯誤，而是將焦點放在如何解決問題，無論對他人或自己，都可以更大方給予讚美，對他人保持興趣與好奇，多聚焦於自己已經擁有的事物上，而非那些自己所沒有的。

獅子習慣用爭取第一的方式來證明自己的價值、獲得他人的肯定與認同。跟獅子相處時，可以多表達對獅子貢獻的感謝，也可以多告訴獅子他對你有多重要與特別。當獅子遇到困難的時候，幫助獅子從眼前的一小步開始做起，正向聚焦並鼓勵獅子在過程中做得不錯的地方，與獅子建立心靈的聯繫。

安逸或逃避的烏龜

你給人安心自在的感覺，人們喜愛你的陪伴，在人際中你可以照顧自己的需求，接受別人的協助，給人隨和、彈性、創意的感覺。

在壓力狀況下，你可能會選擇阻力最小的路，避免風險，甚至迴避創造新的經驗，你傾向只做自己已經會做的事情，很難被激勵，擔憂很多事情，但沒人知道你有多害怕。你有時會給人原地打轉、被人照顧不願獨立、逃避問題的感覺。

建議烏龜可以為自己的生活多建立一些例行的生活節奏，即便面臨壓力想躲回龜殼、斷絕外界聯繫，也要鼓勵自己鼓起勇氣走向人群，多與人相處，與他人分享你的才能，勇於提問並說出自己的需要。或許你的步調比較緩慢，請對方等待，配合你的步調，找到雙方都覺得自在的平衡點。

跟烏龜相處時，可以多給他一點建議，也要多給一點耐心，主動停下來詢問烏龜的想法。烏龜不喜歡與人爭論，即使不認同烏龜，也不要試圖打斷烏龜，烏龜需要的只是對方的安靜傾聽，尊重他的空間與步調，對烏龜表示信心，陪伴在烏龜身旁，鼓勵他一次踏出一小步。

這個測驗除了讓你清楚自己是什麼類型的父母，也可以邀請孩子一起，了解彼此的真實性格，知道怎麼跟對方好好相處。青少年子女的行為，許多時候出於無意識的性格，家長需要的，是停下來認識孩子，而不是找出錯誤或病症，這才是造成家長與孩子對現實認知歧異的關鍵。

例如，當孩子處於壓力狀態下，他的首牌是變色龍，孩子需要父母的認可與接納，為了討父母歡心，孩子常用壓抑、勉強自己的方式，以達到父母期待。然而，身為獅子的父母卻總對孩子失望，認為孩子不夠優秀，常與孩子爭吵，孩子就會變得愈來愈退縮，認為父母無法接受真實的自己。或者孩子是烏龜，有自己的步調與節奏，但老鷹父母卻認為孩子不夠積極、做事效率差，想掌控孩子的時間安排。

關係的改善，不只從家長開始，孩子也可以藉由認識自己與家長的首牌，學習用適合對方個性的方式相處互動。這個測驗並非回答關於「你是誰」，而是提供參考，讓你了解當自己感到壓力時，生活取向為何。

青少年討厭父母是正常的

「我工作真的很忙，雖然有花時間陪小孩，但我知道這樣的陪伴沒有品質，工作跟家庭真的無法兼顧。」

「為了孩子，我辭掉主管的工作，為了緩和我們之間緊綳的關係，我甚至還請人教我玩他喜歡的手遊，以為跟他一起玩，我們可以變得比較親近。」

「可是這些都沒用。我們老是為了他抽菸、沉迷手機的問題吵架，我……我甚至覺得……他恨我。」

媽媽非常艱難的吐出「他恨我」三個字，眼淚瞬間潰堤。媽媽的心好痛，為孩子付出所有，最後卻成了孩子心中最厭惡的人，對話超過三句，就會吵起來，這完全不是媽媽所期待的親子關係。

其實，這位媽媽並不孤單。在我輔導青少年的過程中，聽過許多青少年告訴我，他們也曾經恨過父母，或是此刻正在生父母的氣，覺得再也無法跟父母待在同一個空間中，滿腦子想要離家。

恨的背後是愛，是渴望療癒

「其實，我年輕時，也恨過我媽媽。」孩子的爸有點尷尬的說出這句話。「我學生時代很頑皮，有一次我用了其他同學的名字報名籃球賽，結果還得了第一名！事後被學校發現，學校說要沒收我的獎項，還把我爸媽叫來學校。」

「我媽也是老師，她覺得我做出這種事情很可恥，一來就跟著老師罵我，還要我去全校面前道歉。我當時覺得很屈辱，也很傷心，覺得媽媽為什麼都不聽我解釋？」

「我們吵了起來，媽媽氣到手都在發抖，她說，她沒我這種兒子！甚至叫我去死算了……我當然馬上嗆回去，跟她說我沒你這種媽媽！」

「事後，我忘記我們是怎麼合好的了，我猜就是假裝沒事吧？但我心裡其實開始質疑媽媽對我的愛，好像只要我不是她想要的樣子，她就不愛我了。在那之後，我開始變得不信任我媽媽。」

「表面上我們的互動跟以前沒什麼不同，但我知道一切都變了。我們再也回不去從前，我的心真的很受傷。」

「有了小孩之後，我看了很多心理學的書，知道我跟爸媽的關係，會影響到我跟孩子之間的關係。所以有一天，我主動跟我媽媽談心，想修復這段過去。」

「我告訴我媽，其實當年她站在老師那邊一直罵我、叫我去死，我覺得很受傷。沒想到我媽的反應竟然是否認！她說她完全不記得有這樣的事情，還指責我怎麼一件小事記這麼久，說我心眼有夠小。」

「我覺得我受到了二次傷害。我跟媽媽說這段往事，不是為了要指責她，只是想讓她知道我當下的感受，希望媽媽可以看到我當年的傷，安慰我，這樣我就可以對這件事情放手了，我就可以重新信任媽媽。沒想到媽媽的反應卻是否認、指責，這讓我覺得，我跟我媽的距離更遙遠了。為了不讓自己受傷，我必須對我媽築起一道更厚的心牆，把她阻隔在外。這麼做讓我覺得悲傷，但又不得不這麼做，否則，我會太痛。」

這是很多人都有的共通經歷。無論是正經歷青少年階段的孩子，或者曾經是孩子，現在已經長大、生子的成年人，都難免受過來自於父母的傷害。

很多時候，父母無心的一句話、一個動作，就會讓孩子感覺受傷。但受傷是沒關係的，就像學走路一樣，孩子總會跌倒，在受父母教養的過程中，也難免會受傷，這就是成長的一部分。只是，父母與孩子本身，都有責任去療癒傷痛，將傷痛轉化為扎實的愛。

青少年對父母表達恨意的背後，是因為邁入青春期的他們，開始長出一點自我，開始覺得有力量。這給了孩子勇氣，對父母表達童年的傷痛。孩子要的其實很簡單，只是希望父母可以看見這個傷，安撫當年那個受傷的小孩，讓他們可以釋懷。

孩子討厭我，該如何回應？

有些家長可能會認為，孩子當年就是做錯了，罵他沒什麼不對啊！就開始跟孩子爭論對錯，或是覺得父母權威受到挑戰。其實，行為的對錯不是重點，重點是父母當下的處理方式，讓孩子有了心結。例如，孩子可能認為爸媽不愛自己，認為自己是糟糕的等等。

安撫孩子情緒的目的，是去處理這個心結，讓孩子能夠以更健康的心理素質邁向成人。到底該怎麼去修補親子之間已經造成的裂痕呢？以下是療癒傷痛的三個關鍵步驟：

一、勒住舌頭，少說多聽

首先，一定要勒住舌頭。好好聽孩子說就好了，不管孩子說的對或錯，都不要反駁，傾聽就好。

如果在聽的過程中，家長自己也覺得委屈、有情緒，那麼，照顧自己的情緒也很重要。可以讓孩子知道，我們很想聽孩子說，但現在需要一點空間靜一靜，請孩子用傳訊息或寫信的方式，將想法表達出來，等狀態調整好會去看訊息，再找時間約孩子聊聊。

二、好奇的探問

等調整好自己的狀態，能夠跟孩子聊聊的時候，假裝自己對事件全然無知，當個採訪者，用純然好奇的態度，探問更多當下互動的細節，例如詢問孩子：

「你那時候的感受是什麼？」

「如果你是我，會怎麼做？」

「你覺得最受傷或在意的點是什麼？」

透過好奇的探問，孩子會感受到父母其實是很尊重、在意孩子的，這會鼓勵孩子願意繼續說。

敘說本身就是一種治療的方法。在心理治療中，有一種方式叫做「敘事治療」，同一個故事，透過一次次的講述，每次都會產生新的版本，舊有的創傷故事在敘說的過程中，不斷被改寫、被重新建構，一樣的故事，卻賦予了不同的意義。

例如，孩子在第一個版本中，可能覺得媽媽不問緣由，就跟老師一起罵他，表示媽媽不挺自己，只挺老師。受傷、不信任、被背叛的感覺，從那時起深埋在心中發酵。

但透過媽媽好奇的探問之後，讓青少年重新看待這件事，發現如果是自己，也會站在老師那邊罵孩子，因為在受教育的過程中，覺得老師是權威，說的一定都對。心中頓時明白，媽媽當下的背叛，是一種文化制約後的反應，孩子可以與媽媽約法三章，希望以後再發生類似情況，媽媽可以先聽孩子說，避免孩子擔心再次被媽媽背叛、誤會。

三、看見孩子的受傷

許多父母第一次聽到孩子表達恨意時，會感到非常羞愧、否認孩子的指控，或是開始指責自己不是一個好父母。

其實，恨的反面是愛。孩子不是真的覺得父母很差勁，只是希望大人能夠有雅量，能承接他們的負面情緒。人際關係是很複雜的，我們在社交中，很容易喜歡一個人，但某些時刻，又感覺這個人很討厭。孩子透過父母的反應，其實在學習：

「我可不可以對別人表達負面情緒？」

「該怎麼表達比較恰當？」

「我該如何守護自己又不傷害他人？」

「別人讓我受傷了，我該如何修復這段關係？」

假如你的孩子從沒對你表現過負面情緒，很可能孩子已經決定將這一切深埋在心中，或許孩子覺得爸媽還沒準備好承接這些，也或許孩子覺得自己心裡還沒準備好。

身為成人的你，如果覺得有足夠的勇氣跟能量，能夠承接孩子的負面情緒，鼓勵你在聊天的過程中，主動詢問孩子：「在成長過程中，爸媽有沒有做過什麼事情，讓你覺得很受傷？」這或許能讓假性親密的親子關係，進入到更深層、更有安全感，也更真實的愛與信任。但前提是，成人的自己真的準備好要跟孩子談這些了。沒準備好也沒關係，只是時機未到，生命總會找到出路，不急於一時。

青少年其實想多跟父母相處

「孩子小時候跟我很親，沒想到上國中後就性情大變，現在他覺得朋友才是最重要的。在家只會滑手機，講沒兩句話就會吵起來。後來他要嘛不回家，要嘛回家就關在房間裡，我覺得我好像失去了一個兒子，現在也不知道要跟他說什麼才好。」

前面這段話，是我訪談許多父母，他們共同出現的心聲。甚至有不少人告訴我，他們害怕跟青少年孩子相處，覺得戰戰兢兢、很有壓力。父母認為，或許對青少年來說，最不想要的就是跟家人待在一起吧！

有趣的是，當我訪問他們的孩子時，許多青少年卻告訴我，他們其實很需要爸媽的意見。他們說，自己遇到很多問題，例如同學跟我借東西不還我，該怎麼跟同學說？或是發現自己好像對同性有感覺，覺得很驚慌，不知道該怎麼辦？要選填大學志願，不知道該選什麼系、什麼學校，該找誰討論？

這些問題，其實很多青少年不會去找同學討論。對他們來說，同學雖然可以一起打鬧嬉笑，卻不見得可以談心。很多青少年告訴我，他們覺得說了同學也不會懂，甚至覺得自己比較早熟，同學太幼稚，根本不是可以商討的對象。

對這群青少年來說，爸媽是他們身邊少數比較親近、能信任，又了解他們的成人。他們其實很渴望這些問題可以跟成人討論，獲得指引。那為什麼現實是，爸媽覺得青少年一點也不想跟他們相處呢？

「因為，每次我問爸媽事情，他們就一直念我，很煩！後來就乾脆不說了，免得說了還被他們阻止。」十八歲的小馨如此回應。

小馨說，她曾經想趁著暑假去打工度假，但有點猶豫，想找爸媽討論。

沒想到，爸媽一聽到，就說：「女孩子去外面打工換宿太危險了，不准去！給我好好待在家！」

原本還在猶豫要不要去的小馨，看到爸媽這麼強烈反對，更堅定要去的決心。小馨希望自己可以做想做的事，而不是過被爸媽安排好的人生，失去自己。

可惜的是，小馨爸媽的反應，讓她失去一個判斷安危的機會。小馨需要的，不是爸媽阻止她去打工換宿，而是協助蒐集民宿資訊與工作內容，一起討論哪些工作是安全的，哪些可能有沒發現的危險，並具體跟小馨分析，如果在打工換宿期間遇到了危險，例如被民宿客人性騷擾，小馨可以在當下如何保護自己，事後如何尋求資源幫自己脫身。

但爸媽強烈拒絕的反應，只會讓小馨在打工換宿期間，遇到困難或危險不敢跟爸媽說，怕爸媽更恐慌，或是怕聽到爸媽說：「你看，就叫你不要去吧！誰叫你不聽話！」。

小馨的爸媽是出於關心，想保護小馨，但為了保護孩子而拒絕孩子，最後卻讓孩子陷入孤立無援的窘境，出了問題不敢向爸媽求助，我想，這樣的結果不是家長所期望的。

父母一次次的拒絕、一次次的控制、一次次的數落，換來的是孩子一次次的失望、一次次的孤立、一次次的靠自己或靠朋友。久了，孩子就不會想到在迷惘困惑的時候跟父母聊聊，因為孩子覺得父母沒有要聽，只有要說教。

我們可以保護孩子，但無法控制孩子。控制是要孩子完全按照自己的話做，保護是明知道孩子走這條路會受傷，但提醒後若孩子執意要走，還是讓他走，當孩子遇到困難，不主動幫孩子解決，而是跟孩子一起討論可以怎麼做。畢竟，孩子總有一天會長大成人，我們無法永遠保護孩子，只能在他們青少年階段磕磕碰碰的時候，陪伴他們學習如何面對現實世界的危險。

阻斷溝通的回應方式

孩子不聽話的時候，我們會感到挫折、憤怒；孩子回嘴挑釁的時候，我們的情緒容易被激發，開始想用權威逼迫孩子聽話。但當孩子愈長愈大，會發現權威愈來愈不管用，最後乾脆放棄管教孩子。

上述的溝通模式，在許多父母身上非常常見。因為在他們的成長背景，大多採取打罵式教育，很多人從小被打罵到大，心中發誓以後絕對不要這樣對小孩，但是當孩子不聽話、自己情緒失控的時候，就會反射性的對孩子說出很多難聽、羞辱人的話，冷靜後明明就覺得相當後悔，但每次情緒失控當下，還是一次次對孩子破口大罵。

我們在成長過程中，從沒在學校課堂上學習如何溝通，但我們在日常生活中，無時無刻不以身邊大人為楷模，學習怎麼溝通，並內化為自己處理事情時的反射性動作。想要改變溝通的模式，需要刻意的覺察、停頓，讓自己有時間思考該如何反應，最後，要刻意練習新的溝通方式，讓自己身上有更多的溝通法寶可以使用。

以下是容易阻斷溝通的句子，你可以嘗試換位思考，猜猜孩子聽到這些話，會引發什麼想法、感受和回應：

「放尊重點，可以這樣跟長輩說話嗎？」

孩子的想法＿＿＿＿＿＿，感受＿＿＿＿＿＿，回應＿＿＿＿＿＿

「你老是對我說謊，信用破產了！我不會中你伎倆的，演給別人看吧！」

孩子的想法＿＿＿＿＿＿，感受＿＿＿＿＿＿，回應＿＿＿＿＿＿

「你被處罰一個月不准用手機！」

孩子的想法＿＿＿＿＿＿，感受＿＿＿＿＿＿，回應＿＿＿＿＿＿

「我對你這麼好，你竟然還不知足？」

孩子的想法＿＿＿＿＿＿，感受＿＿＿＿＿＿，回應＿＿＿＿＿＿

「我吃過的鹽比你吃過的飯多，聽我的！」

孩子的想法＿＿＿＿＿＿，感受＿＿＿＿＿＿，回應＿＿＿＿＿＿

「我是你爸，我說了算！」

孩子的想法＿＿＿＿＿＿，感受＿＿＿＿＿＿，回應＿＿＿＿＿＿

「你在我家白吃白喝，就得聽我的！不爽自己出去外面住啊？」

孩子的想法＿＿＿＿＿＿，感受＿＿＿＿＿＿，回應＿＿＿＿＿＿

當對話中出現指責、否定、羞辱、標籤化孩子，或將自己的經驗強硬套用在孩子身上，忽略親子成長背景不同、不尊重孩子意見、叨念孩子，容易阻斷親子間的溝通，後面我們再來一起學習，如何用促進溝通的方式來回應孩子。

有效溝通的八大祕訣

溝通是為了達成某些目的，而非一味的情緒宣洩。有效的溝通，包含以下幾個祕訣：

一、**避免指責**。例如：你怎麼又把房間搞得亂七八糟？

二、**避免貼標籤**。例如：你就是懶／笨／愛說謊。

三、**罵人不要超過十個字**。例如：收拾房間（手指著亂的地方）。比起一直叨念，孩子更可能聽進去。

四、**停頓**。溝通的時候，不要單方面一直說，對話最好維持五五波的比例，如果大人說了超過七成的話，基本上溝通就有點失衡了。適時使用停頓，給孩子思考的時間，並鼓勵孩子表達。

五、**詢問孩子意見**。例如：你闖禍了，打算怎麼處理？

六、**孩子求助再給建議**。當孩子自己來尋求建議，此時父母給的意見，孩子才會聽進去。當孩子認為自己不需要協助，父母硬把自己意見塞給孩子，對孩子來說是一種強迫。

七、摘要孩子說的話。挑出孩子說話的重點，可以讓孩子覺得父母有在聽他說話，同時可以確認孩子想要表達的，跟父母接收到的是否一致。另外，在情緒當下，往往無法聽進他人的話，唯一能聽進去的是自己講的話。透過摘要孩子的話，讓孩子潛意識開始傾聽大人說話。在摘要的同時，注意不要加入自己的主觀解釋，或加以評論孩子。

八、區分評論和觀察。例如：「你很凶。」這句話就是評論，因為每個人對凶的定義不一樣，怎樣叫「凶」是一種主觀解釋。觀察則是要客觀、具體的描述一個行為，例如：「你說話聲音超過八十分貝，而且翻了兩次白眼，所以我覺得你很凶。」在對話時多用觀察，而非評論，避免對方感覺被誤解、貼標籤，激起情緒對立。

促進溝通的回應方式

學會有效溝通的祕訣之後，再來感受一下，假如你是孩子，聽到以下的話，孩子的想法、感受與回應會是怎樣？

「我感覺你很生氣。」

孩子的想法＿＿＿＿＿＿，感受＿＿＿＿＿＿，回應＿＿＿＿＿＿

「在我們彼此冷靜之前，先暫時放下這個問題。」

孩子的想法＿＿＿＿＿＿，感受＿＿＿＿＿＿，回應＿＿＿＿＿＿

「你需要我的建議嗎？」

孩子的想法＿＿＿＿＿＿，感受＿＿＿＿＿＿，回應＿＿＿＿＿＿

「你說，我很願意聽。」

孩子的想法＿＿＿＿＿＿，感受＿＿＿＿＿＿，回應＿＿＿＿＿＿

「我很在乎你，但我不知道過度使用手機對你來說是不是一個問題。你怎麼想呢？我很想知道你的意見。」

孩子的想法＿＿＿＿＿＿，感受＿＿＿＿＿＿，回應＿＿＿＿＿＿

或許最後一個問題，會讓家長緊張，擔心詢問青少年過度使用手機的意見，青少年會回答：「當然是不要管我，讓我一直玩就好啦！」

事實上，會這樣回答的青少年，正是因為有父母管，所以他們可以對自己的行為任性。如果父母總是在後面幫他們猛踩剎車，他們就會知道，無論他們多麼荒謬，都還在控制範圍內，反正父母會幫他們踩剎車。他們只需要向父母抗爭，獲得更多自由。

有趣的是，把主控權交給孩子時，孩子會意識到，他必須為自己的人生負起責任，他得學會掌控自己，因為沒有人在後面幫他踩剎車了。孩子會受到同儕的影響，也會對自己保有一定程度的期待，當孩子獲得掌控權，才有機會開始意識到，過度使用手機對自己生活的影響。這時候，父母可以表達願意協助孩子，學習怎麼規劃使用手機的時間，讓自己的生活不過度被網路綁架。

當然，也有一些孩子獲得掌控權後，開始沉迷網路，連學校都不去上。通常這類孩子，內在心理都有一些狀況，可能是在學校跟同學相處出了問題，可能跟老師相處出了問題，也可能是對自己失望，課業學習方面出現了挫折。這時候，網路成癮只是一個表象，真正要解決的，是孩子成癮背後的心結。

改善溝通後，孩子可能變得更壞

在溝通方式改變之後，別期待雙方的互動關係就可以像施了魔法一般，馬上改善。關係的破裂是經年累月造成的，不會因為爸媽表現的溝通方式不同，孩子馬上就變不同。

事實上，剛開始改變溝通方式的時候，孩子很可能會變得更難搞。對孩子來說，他們會看不懂父母在演哪齣戲，不知道父母是真心誠意還是另有所圖，所以孩子可能變得更壞，逼迫父母回到舊有的溝通模式。

對孩子來說，舊有的溝通方式，即便他們不喜歡，卻擅長應對，很知道如何讓父母拿自己沒轍。新的溝通方式，孩子反而會不知所措，這時候，一定要堅持下去，久了孩子就會從父母的身教中，學習到新的溝通模式。而新的溝通模式會傳承下去，一代接著一代。改變，從我們自己這代做起，後代就可以輕鬆一點，不讓錯誤的表達方式，阻擋了愛。

第二部

青少年家長應有的覺察

當孩子出現問題，這時候要關注處理的，
不是孩子，而是自己。
在養育孩子的過程中，父母逐漸失去了自我，
以為自己對孩子付出了一切，
到頭來卻變成孩子最討厭的人……

問題不在孩子，在整個家

「心理師，你可不可以幫我把孩子的問題變不見？為了照顧他，我辭去了工作，也常常為了孩子的問題跟先生吵架，整個家都快毀了！如果他變好了，我們家就有希望了吧？」

聽到這裡，我都會給家長兩個觀念。

第一，你確定要讓孩子變好嗎？在實務上，很多孩子在治療好、變穩定後，反而是家庭開始出現問題。原來，孩子之所以出現症狀，其實是為了維繫家庭的平衡。這個症狀對於家庭來說是有功能的，當孩子變穩定之後，家中深埋多年的問題反而會浮現，無法再藉由孩子的症狀來轉移大人的注意力。

第二，家庭中某位成員出現不良行為或心理疾病，是因為當家庭面對壓力，產生大量情緒焦慮時，某位家庭成員過度吸收這些焦慮，才會出現症狀。因此，要治療某一位家庭成員，不能只治療個人，而是要從整個家庭著手，因為每一位家庭成員都對患者的病情有所「貢獻」。

有別於傳統心理治療將症狀聚焦於個人身上，美國家族治療大師、精神科醫師暨教授莫瑞·包溫（Murray Bowen）於一九五〇年代開始，發展出了包溫理論。該理論打破舊有精神醫學的治療取向，不再認為母親是因（問題），孩子是果（病人）。

包溫認為，一個人之所以會出現狀況，是因為整個家庭系統都有狀況，只是媽媽通常身為主要照顧者，與孩子的互動最為緊密，所以媽媽與孩子之間的關係問題較容易凸顯出來，這對媽媽來說並不公平。孩子生病，是整個家庭成員彼此之間互相影響所造成的。包溫認為我們需要從「系統觀」的視角去分析，而不是單純就「問題」去找戰犯，將改變的責任推給某個人。

我們往往希望，家中有問題的成員如果改變了，一切就會變好。但卻發現，最困難的事情，在於讓問題成員有病識感，願意正視自己的問題，並做出改變。許多家長逼孩子來找心理師，不斷對孩子說教、指責孩子，孩子也堅持不願面對自己的問題，甚至反過來指責父母。

這時候，改變就很難發生，因為家庭中的每個人都認為，是對方需要改變，錯都在對方。於是，全家都陷入防衛攻擊，消耗家庭能量。

好消息是，根據包溫的觀點，他認為，家庭是一個情緒單位，這代表當家中某位成員的情緒功能改變，就有能量去影響整個家，讓家中其他成員的情緒功能也跟著改變。我們只要改變自己，就有機會改善這個家。改變，無法發生在強求之下，為了別人期待而做出的改變，是不會有效果的。

改變，只能發生在「為了自己」。唯有當自己願意探究、認識自己內在心靈深處，帶著覺知觀察整個家庭的互動歷程，發展關係中的「界線」，提升自己的情緒成熟度，例如學習調節自己的情緒，有意識的選擇用理智來回應家庭的情緒系統，改變才有可能發生。

改變的關鍵，掌握在自己手上。當孩子出現問題，這時候要關注處理的，不是孩子，而是自己。唯有自己穩定了，整個家庭系統的焦慮才會下降，彈性與創意流入，家庭自然有能力想出解決問題的辦法。

在後面的章節裡，我會以包溫理論為依據，說明如何透過覺察並改變自己，來改善孩子的問題。

你能適時對孩子放手嗎？

對許多父母來說，放手是一項很艱難的挑戰。當嬰兒呱呱落地的那一刻起，父母的保護之心油然而生。然而，愛之適足以害之，過度的保護，換來的或許是極度乖巧聽話，卻缺乏主見、功能低落的孩子；又或者換來的是孩子的不領情。

已經成為孩子父母的我們，過去也曾是個孩子。我們心裡都清楚，孩子不是大人的附屬品，大人也無法永遠為孩子遮風擋雨、決定孩子的未來、干預孩子的選擇。如果大人無法適時放手，尊重孩子的自我界線需求，那他們就會用對立、反抗的方式，提醒家長，他們需要發展自我。

包溫認為，我們每個人身上，同時存在渴望與人產生情感連結、尋求依附、歸屬與認同的「連結性驅力」；以及將他人推開、堅定自己信念、主張個人意見的「個體性驅力」。小時候因為需要倚靠父母，連結性驅力的比重較多，才較有機會存活。然而到了青春期，個體性驅力逐漸發展，青少年會努力去探問自己是誰，如果想在關係當中維持多少的自我，需要做出多少的退讓與配合等等。

孩子終將脫離父母，長大成熟。讓孩子長出自我界線，例如允許孩子有自己的情緒，不讓自己的情緒容易受家庭或家人以外的人牽動；擁有自己的價值觀與看法，不完全依靠家人或外在環境的看法來判斷事情等等，是邁向心理健康成熟的關鍵。

可是，有的時候，父母卻還沒準備好要放手。許多主要照顧者從孩子出生後，放棄工作、放棄自我，將重心都聚焦在孩子身上，與孩子「融合」（fusion）。在養育孩子的過程中，父母逐漸失去了自我，當孩子長大後，也不允許孩子擁有自我。父母以為自己對孩子付出了一切，到頭來卻變成孩子最討厭的人，親子關係緊繃，一觸即發。明明都很在意對方，卻像刺蝟一樣，將新仇舊恨化為滿身的刺，一靠近就遍體鱗傷，最後只能用疏遠彼此的方式維繫關係。

包溫表示，融合會以兩種形式展現，一種是在關係中的某一方放棄了自我。例如，父母為孩子放棄了一切，生活完全以孩子為依歸，任孩子予取予求；或是孩子在成長過程中，放棄長出自我，只在乎父母、師長或同儕會不會討厭自己，要怎麼做才能被喜歡等等，決策時過度考量他人，忽略自己的想法與感受。

另一種則是看似長出了自我，但這個自我其實是借用別人的，不是經過自己主觀判斷，有意識長成的自我。例如，孩子即便長大了，卻常用「我媽媽說」而非「我認為」來發言。包溫理論認為，無論是何種方式的融合，都是不健康的。

在華人文化中，融合給人團結、親密的感受，卻也讓家族成員為了相互配合忍讓，感到極度壓抑。在家庭中，每個人都感受到，真實的自己是不被接納的，為了維持連結，大家都活在某種期待跟家庭潛規則下，戴著面具過生活。有些孩子到了青春期，開始嘗試發展出自我，不再與家庭過度融合，但對於某些為孩子過度付出的父母來說，可能會擔憂，若讓孩子發展出自我，不再與父母融合，自己的定位與價值在哪裡？過去的付出算什麼？如果孩子要與自己劃出界線，開始想要獨立，是不是代表自己是不合格、被孩子排除在外的父母？

在家庭中流動的焦慮

然而，根據包溫理論，過度連結產生的融合狀態，其實是「家庭傳遞焦慮」的展現。這裡的焦慮，廣義來說泛指強烈的情緒張力，例如憤怒、興奮、悲傷等等。當強烈的情緒控制理智，會干擾人與人之間的相處，讓人們在關係中無法以理想的方式與對方進行互動，處理事情時，往往以情緒做出反射性的回應，影響整個家庭系統。

一個人在焦慮的時候，如果無法吸收壓力，就很容易會將情緒丟到另一個人身上，期待對方承接自己的情緒、討好自己，讓自身焦慮得以舒緩。例如，爸爸在外工作升遷不順，認為自己是個失敗者，回家看到總是跟朋友在外鬼混、成績差的大兒子，覺得更不順眼。

於是爸爸不斷批評、否定大兒子，命令兒子好好讀書，不准出去玩。表面上，爸爸是為了大兒子好，其實爸爸是企圖透過「我是為了你好」、「聽我的就對了」這種說教、命令的方式，掌控大兒子，逼迫大兒子放棄他的自我，當個聽話的傀儡，讓爸爸再次感受自己的價值、找回自我，證明自己不是失敗者。

若大兒子也認同爸爸的批評與否定，但憤怒無法向外對爸爸發洩，只能向內吞噬，爸爸這些否定批評的聲音，會內化為兒子對自己的否定批評，長大後兒子不斷向內自我攻擊，轉為憂鬱。

假如兒子的自我足夠強大，則爸爸此舉會引發兒子的對立反抗，發生爭吵、離家出走。當這個家庭處於情緒過度融合的狀態，家庭其他成員無法對於爸爸與兒子的激烈爭吵袖手旁觀。媽媽跳出來為兒子護航，爸爸反罵媽媽管教失職，小女兒感到不知所措，恐慌發作……強烈情緒就像一顆顆炸藥，在家族成員間不斷被引爆，互相攻擊謾罵，吵到後來已經不知道在吵什麼了，問題沒有解決，大家只是在發洩情緒。

當焦慮在家庭內流動，家人的情緒變得緊繃、高漲，某位成員會希望另一位成員放棄部分自我。例如在上述案例中，爸爸希望大兒子放棄自我遵從指示，卻遭遇到兒子的反抗。反倒是小女兒因為過度吸收家庭焦慮，擔心整個家吵到分崩離析、爸媽會離婚，於是產生恐慌症狀。此時家人就會停止爭吵，將注意力轉到小女兒的疾病上，開始同心協力。

當然，情況也可能反過來，變成父母失去了自我。例如，從小很乖的孩子，到青春期開始叛逆，凡事堅持己見，拒絕與父母溝通；父母害怕失去孩子，擔心親子關係毀壞，於是讓渡自我界線，一味討好孩子，讓孩子予取予求，放棄管教孩子的責任，讓孩子成為家中的掌權者。

表面上，孩子因為成為家中王者心滿意足，無人能再管教他；實際上，孩子內心是感到不安的。如果在一個家中，身為孩子的他已經是最大的，這個家又有誰可以保護他呢？孩子需要發展自我界線，也需要父母自己具備界線，父母的界線會讓孩子知道，這個家是穩定的、安全的。當父母界線隨時可以受孩子挑戰而變動，這會讓孩子在潛意識上感到不安。孩子需要學習在尊重他人的界線下，發展自己的界限。在健康的家庭中，每個人都可以保有自我，也可以與他人連結。

無論是孩子或是父母讓渡了自我，在關係中都不是一件健康的事情。千萬別以愛之名，行情緒勒索之實，要求他人放棄自我界線。融合，是情緒成熟度低或焦慮很高的時候，一種自動化的反應模式，是面對壓力、處理焦慮的管道。弔詭的是，融合的過程，勢必有一方得出借自我，這就成了另一種的壓力源。企圖用連結、融合的方式降低焦慮，過度的緊密讓雙方窒息、產生厭惡感，當融合到了極致，情緒張力緊繃到讓人受不了的時候，家庭成員甚至會開始用疏遠或情緒切割的方式來控制焦慮，避免焦慮在家庭間蔓延。

無論融合或情緒切割，都是一種情緒不成熟的展現，是對於關係中的壓力、焦慮感到不知所措，根據早年經驗用原始的「情緒腦」做出反射性的反應，不斷在舊有的僵化模式中撞牆；而非用「理智腦」深思熟慮，摸清現實的來龍去脈，重新調節自己的情緒，有意識的在關係中決定要維持多少的自我界線。因此，無論融合或疏離的模式是否在短期內能夠因應壓力焦慮，就長期來看，兩種反應方式都會讓情緒駕馭理智，使得家庭的症狀或情緒問題變得更加嚴重。

只要孩子活在世界上的一天，父母就會為他們操心。然而，青春期是成年前的預備期，要讓孩子有機會預演，學習如何當個大人，不再是被爸媽呵護於掌心的小寶貝。父母能給予孩子的禮物，是控制好自己的焦慮，慢慢學會放手。家長可以在平時多與孩子討論處理事情的辦法，例如，如何拒絕他人不合理的要求、如何做人處事等等，協助孩子發展出自己的想法與能力。當孩子遇到問題時，先傾聽孩子的想法，問他打算怎麼做、是否需要大人協助？可以支持並陪伴孩子，但不過度干預，為孩子一肩攬起責任，剝奪他們從錯誤中學習的機會。孩子需要學著為自己負責，也需要學著為自己做決定，選擇想要的生活與人生。

若父母不允許孩子在心理上獨立於父母、與父母之間劃出自我界線，未來，孩子在愛情中，也很容易為了獲得伴侶的愛與認同，放棄部分的自我，無法脫離一段受虐的關係中；在職場上，也很可能無法與同事、長官劃清界線，一味承擔過分要求卻不敢為自己出聲，只能不斷壓抑情緒、退縮忍讓，最後忍出一身病。

父母會老，孩子會長大，人終將是孤獨的，孩子需要學習為自己發聲，守護自己的界線。父母無法一輩子為孩子遮風擋雨，卻能傳承勇氣給孩子，讓他們有能力面對世界的艱難與險惡，好好活在這世界上，守護那些擁有的美好。

情緒智商也會遺傳？

如果你覺得自己孩子的情緒智商很低，那代表你跟伴侶的情緒智商也很低，甚至雙方整體家族的情緒智商都很低。

先別急！換句話說，孩子情商低不是孩子的問題，也不是你或伴侶的問題，而是家族世世代代流傳下來的問題。只是，你可以當終止傳承的那個人。由自己開始改變自己的情緒智商，不但可以影響孩子，更可以改變孩子挑選未來伴侶的眼光，挑選跟自己情緒智商一樣高的人當伴侶，進而養育出高情商的後代。

在包溫理論中，有一個相當核心的概念叫做「自我分化」（differentiation

of self）。自我分化有點類似情商，是一種人際互動的能力，代表一個人在親密關係中，仍保有自主性的運作功能，能區分情感與理智、妥善處理曖昧不明的人際情境、感受並調節自我情緒，再以適當方式做出反應。自我分化是一個虛構的量尺，需要透過長期觀察一個人，才能評估個人的自我分化的量尺分數。

低自我分化的人，較容易採用情緒系統來處理壓力，彈性與適應力較差，在人際中容易過度糾結，會為得到他人認同放棄自我立場，使用自我防衛、退縮、回擊、切斷連結等方式來因應壓力，因此較容易產生人際衝突，較缺乏解決問題的技能，容易受到考試焦慮、分離焦慮或人際焦慮等影響，需要花較多心力處理自己的情緒，也較易受他人情緒影響，根據本能行為面對壓力。同時，低自我分化的人具易脆性，較難從精神症狀中復原。

高自我分化的人，能運用理智系統處理壓力，聚焦於增加解決問題的策略，並能夠覺察與調節自己的情緒、自我控制不適當的反應，因此即便在衝突當下，也能站在客觀立場表達自己的想法，也較不易受情境壓力影響屈服於權威。有些人誤以為自我分化高代表冷漠無情，其實並不盡然。高自我分化的人，是能調節自己情緒，擁有自我界線但也能夠與他人維持連結，同時他們的心理韌性與復原力較好，較不易受過去創傷影響。

在沒有壓力的情境下，自我分化高低對個體心理健康的影響不大。雖然低自我分化的人，平時需要花較多精力降低自身焦慮，但仍可以維持平衡，保持身心健康。但當面臨壓力情境，低自我分化的人，原本勉強維持的平衡不但被打亂，且因為缺乏自我調節情緒的能力，容易產生不適當的行為反應，甚至出現失功能的現象，產生精神症狀。已有研究證實，自我分化與憂鬱、焦慮、身體症狀、睡眠困擾、妄想傾向、強迫症狀有顯著相關。

反之，高自我分化的人，較不容易產生焦慮、負面情緒，處理問題的因應能力也較好，因此較能順利度過壓力期，避免與人產生巨大衝突或是不良行為。

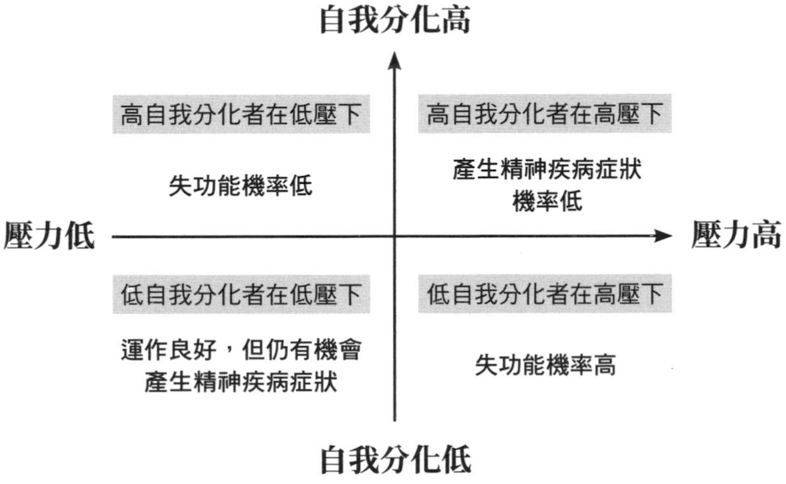

自我分化、壓力感受與身心健康之關係

一個人發展自我分化最好的時機，就是離開原生家庭，建立自己生活之時。孩子的離巢，無論對父母或對孩子來說，都是一種壓力，需要重新適應，這時最能看出一個家庭，以及孩子本身自我分化程度的高低。

以處於青少年晚期的大學生為例，進入新的校園中，面對新的人際壓力，學習如何融入同學，也學習如何與自己相處，是一個發展親密與自主的關鍵時刻，若分化低，對於獨自離家進入新環境適應不好，孩子可能會感到很重的孤獨與寂寞感。

既然一個人的自我分化程度高低，會影響他面對壓力以及處理情緒的能力，那麼要改善最簡單的方法，當然就是找一個自我分化程度高的人結婚，一起養育孩子，彌補自己的不足。

可惜，事與願違。無論我們如何精心挑選，都只會找到跟自己自我分化程度同等的人結婚。有些人覺得自己很情緒化，誤以為只要找個疏離冷漠的人結婚，就可以提高整體家庭的自我分化程度。殊不知，一個人之所以會疏離冷漠，就是因為他處於過度融合的關係中，感到窒息，於是用情緒截斷的方式，表面上獲得喘息，減少壓力。

因此，使用情緒切割來與人相處之人，和過度與人融合之人，自我分化程度是一樣低的。事實上，一個高自我分化的人，並不會情緒疏離或壓抑情緒表達，他們雖依照自己的信念和意見行事，但仍保有情緒覺察及彈性，並非冷血動物。

自我分化程度不同的人，對於生活方式、情緒、思考模式的差異也會很大，因此很難互相喜歡，即便相愛，也無法相處，雙方會產生太多磨合。最終，人們會選擇跟自己分化程度相當的人做為親密伴侶，形成「核心家庭情緒系統」（Nuclear family emotional system）。

兩個分化程度低的人結合，家庭的情緒系統會處於一個不穩定與焦慮的情況，很可能導致婚姻衝突，或是配偶的其中一人失功能，或是父母將這些不成熟、未分化的做人處事原則投射給子女，提高子女面對壓力時失功能的機率。

當子女不受父母投射的影響，獨立發展出自我，則較有機會提高自己的分化程度。通常家庭中，和父母情感最好、分化程度最低的孩子，最容易受到父母不成熟的投射影響，成為比父母分化程度還低的人。接著，再選擇與自己差不多分化程度的人結婚，將不成熟的分化投射給孩子，養育出分化程度更低的下一代，如此代代相傳，最終導致後代情緒失調或產生精神症狀，此歷程在包溫的理論中稱為「多世代傳遞過程」（Multi-generational transmission process）。

若不想禍延子孫，關於情緒的修練，就得從我們自己這代開始著手，才不會將負面情緒的債留後代。學習如何維持情緒與理智的平衡，在關係中保持自我，覺察並表達、調節自己的情緒，都是我們刻不容緩的功課。

高情商養成術

要培養出高情商的孩子，首先得有高情商的父母。孩子會從父母的身教中，學習如何面對壓力與人際衝突。想成為一位高情商的人，首先得提高自我分化的程度，依照理智而非情緒反應做決策。

包溫認為人類的「情緒系統」在演化過程中是最早出現的，屬於較低層次的本能；而「理智系統」則較晚才發展成熟，代表邏輯推理的客觀能力。想要提高自我分化，必須學習用理智系統來做出反應，而非根據低層、本能的情緒系統。

臨床研究顯示，人在強烈情緒當下，很難同時維持邏輯跟理性，甚至對習慣使用情緒系統來做反應的人來說，這樣的神經連結已經太強烈了，需要多給自己一點時間練習，才有可能改變情緒模式。

改變並非一蹴可幾，在練習改變的過程中，要多聚焦於自己的進步，多與自己對話、鼓勵自己、認識自己的情緒與內在歷程，而非一味批評否定自己。我們如何與自己對話、相處，就會如何與孩子對話、相處。想要改變與孩子的關係，得從改善跟自己的關係做起。當在關係中情緒被挑起時，你可以跟著試著進行以下步驟：

一、覺察情緒

改變的第一步，從覺察自己情緒開始。這個練習看似簡單，實則非常困難。尤其在華人教育底下長大的我們，從小到大習慣去壓抑我們的情緒，例如過年時遇到討厭的親戚，問那些讓人翻白眼的問題，我們卻還是得端著笑臉禮貌應對，好像對方的問題沒有冒犯我們。

不斷壓抑情緒的後果，就是對自己的感受麻痺。在平時人際互動中，當有人冒犯我們，讓我們不舒服的時候，我們也不會意識到自己的界線被冒犯了，任由他人侵犯界線、對我們情緒勒索、占我們便宜。甚至還會反過來指責自己，剛剛幹嘛生對方的氣、是不是自己太小氣、不會做人？

情緒跟界線其實息息相關。情緒是我們界線的保全，告訴我們現在跟這個人互動，對方是可以信任、友善的，還是侵略、危險的。有情緒是沒有關係的，要跟自己做朋友，首先得覺察並認識自己的情緒，讓情緒現身。

此外，強烈情緒也跟我們過往的創傷息息相關。在一般情況下，當我們感覺被冒犯、不舒服時，仍可以維持理智去溝通。但有時候我們會被對方激起強烈情緒，完全失去理智，只使用情緒系統做出本能反應，尤其在愈親密的關係中愈是如此。通常，這代表對方的某個言行激起我們過往的創傷，我們強烈的情緒其實不符合現況，而是針對過往的投射。

婷婷曾經被前任劈腿，在感情世界中變得很沒安全感。當她跟伴侶結婚後，一有風吹草動就會引發婷婷的焦慮，總要掌控伴侶的行蹤。對方一沒接到電話，她就會情緒崩潰，並用歇斯底里的方式誘發伴侶做出安撫行為。一開始伴侶還會安撫，久了也感到厭煩跟委屈，認為傷害婷婷的又不是自己，為什麼要為婷婷的受傷負責？

婷婷聽了伴侶的言論後，頓時驚覺這的確對伴侶不公平。她的傷是自己的，不該由無關的第三者負責。於是，婷婷開始學習在關係中感到不安時，與自己的情緒對話，自己去當那個安撫情緒的人，不再像過往一樣，認為伴侶有責任安撫她的不安。雙方從此在關係中感到更自在、更有彈性也更親密。

一味將安撫情緒的責任外包給關係中的他人，不是對自己負責任的行為。如果連我們自己都不想安撫自己，別人憑什麼要負起安撫我們負面情緒的責任呢？

同理，在親子關係中，孩子不需要為父母的負面情緒負責，父母也不需要為孩子的負面情緒負責。家庭中的每個人都需要學習跟自己的情緒做朋友，並發展出安撫自己情緒的能力。

當觀察到自己的情緒被激發時，學習按下暫停鍵，問問自己：現在的感受是什麼？對方做了什麼？該如何回應對方？對方可能會是什麼反應？我希望對方怎麼做？我可以做些什麼來改變目前的狀態？

記得，我們要提高自我分化，就得學習不再依照情緒做決策，而是根據理智做決策。從情緒被激發，到依照情緒系統做出反射性的本能反應，可能不到零點一秒的時間，就會做出或說出撕裂關係的行為和語言。

練習建立按下「暫停鍵」的神經迴路，目的就是為了幫我們看清這零點一秒發生了什麼事情？透過觀察對話時的互動歷程，可以觀察到自己的情緒是如何被激發？或是自己做了些什麼，才會激發對方的情緒？

例如，當伴侶為我們的談話做出總結，但是這總結讓我感受到被批評，我的情緒就會被激發，想到過往做錯事被指責的畫面，反射性的想保護自己並攻擊伴侶，於是說出貶低、否定伴侶的話語，對方開始自我防衛，語速開始變快、音調提高，說出更多否定我的話語，原本只是分享一件小事，最後卻變成吵架收場。

在這個階段，我們扮演偵探的角色，觀察自己在跟每個人互動的時候，說了什麼、對方如何回應、自己又回了什麼、自己感受如何、對方感受又如何。透過這樣的訓練，不但可以更認識自己，了解互動過程中到底發生了什麼事情，同時也可以培養情緒敏銳度與同理心，更精準掌握對方的狀態，降低誤解。

互動歷程的訓練，最好的場域就是在自己的原生家庭。童年的時候我們看著大人爭吵，不自覺就介入大人的爭吵中，依照情緒系統做反應。現在，我們可以練習當 個旁觀者，觀察原生家庭的成員如何互動，切記，當一個純粹的觀察者就好，不要去介入成員間的互動，介入就會把自己的情緒跟界線與家庭成員攪在一起，被迫選邊站。

練習界線的第一步，就是學習隔岸觀火。當我們不介入處理，爭吵中的成員才有機會面對面處理他們的問題，而非將注意力轉移到其他人身上，模糊焦點。每位家庭成員都需要學習為他們自己的情緒負責，我們也要相信家人有解決問題的能力，而非跳入干預，低估他們的能力。

二、調節情緒

要讓理智系統發揮作用，必須先學會調節自己的情緒。情緒本身並不可怕，情緒不是敵人，而是朋友。但前提是我們要當自己的主人，掌控情緒，而非被情緒所掌控。

如果你屬於情緒來得快去得也快的人，那麼「忍」是第一項要學習的。根據研究，我們強烈的情緒，例如狂喜或狂怒，都不會超過六分鐘，也就是說，至少學習幫自己忍過六分鐘，等情緒風暴過去，理智慢慢重新上線，再來繼續溝通。沒人說對話不能中斷，如果觀察到自己的情緒快被激發了，要學會中場休息，先中斷對話，調節好情緒後再回頭溝通。

調節情緒一個很好的方法，就是幫自己轉移注意力。例如找朋友訴苦、出門逛街、喝口水，或是做一些讓自己感到開心的事情。當我們訓練孩子調節自己的情緒時，要允許孩子休息，中斷溝通，並讓孩子去做他們感到開心的事情。例如吵到一半，放孩子去聽他喜歡的音樂、上網、玩手遊等等。

允許孩子做他喜歡的事情來轉移注意力，才有機會降低情緒腦的影響力，讓理智腦重新上線。

孩子心情好了，才比較容易溝通、變得更有彈性也更願意配合。硬要在雙方都不開心的時候逼迫對方服從，只會激起孩子的對立反抗，陷入權力鬥爭。正向教養有一句名言說：「是誰說要讓一個孩子變好，必須先讓他感覺自己很糟？」我們希望孩子變好，就要先讓他感覺好。在處理問題之前，先處理好關係，溝通就會事半功倍。

如果家長無法中斷爭吵，很想追著孩子嘮叨，這時候可以拿起手機，打開孩子的照片，並按下錄音功能，對著孩子的照片念。等到情緒宣洩完了，再聽聽自己說了些什麼。

很多人在情緒當下，其實不知道自己到底想要表達什麼，透過重聽的方式，可以整理自己的思緒，將要傳遞的話濃縮成三句以內，再講給孩子聽。少就是多，簡短與沉默比不斷碎念更有力量。說多了，孩子也只會把耳朵關上，何必浪費自己的口水跟精力，講再多孩子也未必聽話。

除了用說的方式之外，也可以用寫的。拿出一張紙跟一枝筆，設定十五分鐘的鬧鈴，時間內想到什麼就寫什麼，不能停筆，要一直寫下去。如果寫到一半，不知道要寫什麼，就在紙上寫「我不知道要寫什麼」。自由書寫的祕訣，就是將所有思緒全部寫在紙上，不用管語句邏輯是否正確，也不用管錯字。這麼做可以幫我們帶出潛意識的思想，認識更深層的自我。

但要注意的是，只要時間到，鬧鈴一響，無論寫得再投入，都要立刻停筆。設定時間界線的目的，是為了幫我們把情緒收回去。很多人不敢有情緒，是因為他們一旦讓情緒釋放出來，就會失去掌控，不是狂怒就是沉浸在深層的悲傷中。因此，一定要在時間到的時候就停筆，訓練我們的情緒可以出來，也可以回去，多次練習後，方能掌控情緒，不再害怕情緒的現身。

三、基於思考的對話

我們在情緒當下，常常可以看到雙方看似理性的溝通，但目的其實只是為了要攻擊對方、為了贏。因此，溝通必須等情緒冷靜後再進行。此時的溝通，應該基於思考，詢問自己：我希望這場談話可以達到什麼目的？為什麼我要達到這個目的？有沒有雙方都感到舒適、可接受的解決辦法？

如果談話的目的，只是希望孩子聽話，否則會挑戰到自己的權威，那這樣的目標，仍是基於情緒的，而非理智的，若是基於情緒的對話，雙方很難有討論的空間，情緒容易一觸即發。

在理想的關係中，雙方對談應該是能夠區隔情緒、平等且開放的關係。區隔情緒意味著每個人只需要為自己的情緒負責，雙方都有權利選擇是否回應對方的情緒，而非誰的情緒強烈，誰就握有主導權。

另外，談話應該維持平等且開放。所謂的平等，無關於權力地位與能力，而是一種對於彼此的尊重，願意保持開放態度，傾聽對方想法，過程中不批判對方、相信對方的想法跟自己的一樣重要。可以邀請孩子一起擴散性思考，將焦點集中於「如何解決問題」，而非單方面由家長去想解決問題的辦法，用權威逼迫孩子接受。

我們可以拿出便利貼，將雙方想出來的辦法都先寫下來，無論是否合理，在這階段禁止反駁、批評對方想法，避免弱勢的那方不敢表達自己意見，阻礙創意思考。全部想法都寫出來後，接著雙方一起看便利貼，從中組合拼湊，討論出雙方都認為合理且不讓渡自我的解決方式，讓決策基於理智而非情緒。

當解決問題的辦法，是由家長與孩子共同決策出來的時候，孩子會比較願意遵從規範，負起責任。若只由家長決策，孩子容易故意不遵從。當然，在討論解決辦法的過程中，也可以順帶討論，如果雙方違約的處理方式。例如衣服亂丟沒好好放在洗衣籃中，這件衣服就要被關在櫃子裡一週不能拿來穿等等。

違約條款必須公平，孩子與家長共同遵守且徹底執行，如果家長亂丟衣服，家長一樣一週不能穿這件衣服。與孩子一起思考解決問題的方法，可以幫助孩子培養解決問題的能力，成為一位成熟且負責的小大人，而非遇到問題僵在那邊，用強烈情緒逼迫大人出手幫忙解決，這對孩子未來在職場上的生存極為不利。

當我們要求對方改變，其實就是在暗示對方「你不夠好、你有問題」，對方當然會抗拒改變。改變只能是為了自己，才有動力持續。改變是一個單打獨鬥的過程，且一開始改變的時候，勢必會遭遇身旁他人的反抗，因為我們的改變，讓對方無法維持舊有的互動方式，可能會出現更多不良行為，逼迫我們改回舊有的互動模式，但堅持下去，對方會從我們身上觀察學習到新的互動方法。

任何在分化程度上的蛻變，不但影響親子關係、夫妻關係、原生家庭關係，甚至連職場關係與其他人際互動都會帶來蛻變。然而，要求自己不重蹈覆轍，不能回到舊有反應模式是過於苛刻、也不實際的，在互動中，被情緒激發根據本能做出反應時，無須苛責自己，帶著覺察發現這件事，在腦海中想像下次可以如何基於理智反應，幫大腦建立新的神經連結，多次練習之後，基於理智的反應會更能開通。改變是一個來來回回的歷程，每一次的來回，都能幫助我們成為更好的自己。

夫妻與孩子的三角關係

講到三角關係，你會想到什麼呢？一般而言會想到外遇，的確，外遇是相當典型的三角關係。事實上，任何事物都是三個角最穩定，例如三角桌、三角椅，甚至是三國鼎立。

在人與人的關係中，也是數字「三」最能維持穩定。包溫認為，三角關係是人類情感運作的最基本單位，當關係中的雙方，對彼此感到壓力、焦慮、有問題但避而不談時，往往會拉入第三者以解決關係困境。

因此有人說，一個人會外遇，是由於夫妻雙方的關係出了問題，或許先生在太太面前感到被束縛、指責、沒自尊，於是藉由在外遇對象面前當個大男人，滿足自尊需求，這樣就不用面對面與太太討論互動問題，同時也能繼續維持跟太太關係的平衡。

先生藉由外遇稀釋與太太相處的焦慮與緊繃，互動變得更穩定也更能夠容忍對方，卻也引發另一層壓力。先生擔心外遇被發現，這層壓力不但會無形間影響夫妻相處，同時將夫妻衝突的根源問題凍結起來，雙方沒機會討論、面對相處上的問題，就不可能真正親近，只能維持假象的親密，侵蝕雙方的關係基礎。

除了外遇，三角關係會以許多種形式存在於夫妻之間。例如先生忙於工作，少有時間與妻子相處，所以「妻子—工作—先生」會是一種三角關係。先生用忙於工作的藉口，躲避跟妻子的相處問題，但因為這個第三者太過正當，即使妻子總覺得關係怪怪的，也無法對先生生氣。除此之外，三角關係中的第三者，也可能是一個議題。例如媽媽與孩子關係緊張，孩子沉迷於網路，「媽媽—網路—孩子」也是一種三角關係。

在我們生活中，最熟悉的三角關係是婆媳問題。例如，太太與婆婆相處起來三觀不合，尤其對於孫子的教養觀念落差大，為了避免關係撕裂引發更大衝突，總叫先生幫忙傳話，婆媳無法直接溝通，先生被夾在中間，這便是「媳婦－先生－婆婆」的三角關係；也可能是婆婆老是跟孫子說媽媽的壞話，形成「媽媽－孩子－婆婆」的三角關係。

最需要注意的是，「媽媽－孩子－爸爸」的三角關係，其實是一般家庭中最常見的問題。有一句流傳已久的話，大意是說，如果夫妻結婚後覺得相處不來，那就生個孩子吧！問題就會解決了。這句話說得很對，表面上問題看似解決了，妻子不會去在意跟丈夫之間的相處問題，因為心力全放在孩子身上。媽媽跟孩子同盟，將爸爸摒除在關係之外；孩子頂替了爸爸的位置，成為媽媽心中的伴侶，成為家中的掌權者。

這樣的關係或許能維持穩定一陣子，但等到孩子大了，進入青春期開始反抗媽媽、媽媽管不動孩子，親子關係變得緊繃、焦慮時，媽媽可能就開始要求爸爸要負起管教的責任，將爸爸拉入形成三角關係。此時，當爸爸管教孩子時，引發孩子激烈爭吵，媽媽忍不住加入戰局，在一旁干預，認為爸爸不懂孩子，再次與孩子結盟，夫妻繼續爭吵……表面上看來，或許是孩子叛逆、先生需要學習親子教養，但最根深柢固的問題，其實是當事人無法處理他們之間的問題，用逃避的方式拉入第三者，稀釋焦慮。

如果想邁向理想關係，就必須先學會觀察三角關係是如何讓原本緊繃的雙方逃避衝突，以及學習隔岸觀火，不讓自己被拉入戰局中，穩定自己的情緒、降低焦慮、保持情緒中立，與雙方維持適當的連結，同時不刻意疏離或偏袒某一方。

當父母其中一方，甚至雙方爭奪要孩子與自己結盟時，孩子會面臨忠誠度的兩難，選擇任何一方，都勢必背叛另外一方。孩子無法處理這些罪惡感與焦慮，可能導致身心問題或行為失常。孩子也可能穩定的與某一方結盟，缺乏對另一方父母的認同與相處，甚至將另一方視為假想敵。我在輔導實務工作中，見過很多孩子的心理疾病，都跟保護某方父母有關。

在「媽媽—孩子—爸爸」的三角關係中，也可能是夫妻將焦點擺在孩子身上，產生一種同心協力的假象，舒緩關係衝突帶來的壓力與緊張。孩子可能出現很多脫序行為，例如過動、拒學、亂發脾氣、做出違規事項等方式，讓父母聯合起來攻擊、指責孩子；也可能出現症狀，例如恐慌、憂慮、自殘、失眠、厭食或暴食等問題，引發父母合力關照孩子。

無論孩子是以對立反抗的形式，或是以病症的形式展現，都是做為家庭中的「代罪羔羊」（scapegoating），家庭衝突孩子都看在眼裡，擔心在心裡，將家庭焦慮全數吞下。許多身為代罪羔羊的孩子，都深信是因為自己不好，才會讓父母吵架，感到罪惡深重。研究顯示，青少年代罪羔羊的程度愈高，在與人相處時，愈容易出現控制操弄、攻擊與指責等負向人際行為。

另外還有一種孩子，特別成熟懂事，在這樣的家中，反而父母讓人感覺像個孩子，孩子負擔起照顧父母的責任。這個照顧可能偏向工具性的照顧，例如打工賺錢養家、家事一肩扛起、照顧幼小或生病的弟妹；也可能偏向情緒性的照顧，例如調解父母的爭吵、照顧憂鬱的父母、扮演父母諮商對象的角色等等。

在心理學中，我們稱這樣的孩子為「親職化」（parentification），也就是孩子犧牲自己被需要、注意、照顧的需求，反過來照顧父母的需求。孩子承擔起父母的角色，對於追求自我感到罪惡，習慣將他人放在自己之前，過度承受不屬於自己的責任，幾乎強迫性的照顧他人、犧牲自己。親職化的孩子通常是討喜、關愛他人的，但同時也會失去自我，需要他人的認同與肯定，用過度付出的方式換取愛，卻永遠覺得無法真正得到愛。

三角關係中的救星

無論孩子成為代罪羔羊或親職化，都能降低夫妻相處的緊繃跟焦慮，同時讓涉入的子女獲得權力，維持三角關係的平衡，但本質上兩者其實是不太一樣的。在代罪羔羊的型態中，夫妻將焦點放在有問題的子女身上，讓雙方都維持舒適的距離，但仍共同負起管教的責任與權威。但在親職化的形式中，孩子則是被放在與父母同等權利，甚至凌駕於父母的位置上，反過來擔任父母的角色與責任。

孩子是婚姻中的救星。無論是否以家長喜歡的形式展現，孩子都是盡己所能維繫著家庭的和諧，這也可以解釋，為什麼近年來流行熟年離婚。當孩子長大離巢，夫妻雙方失去了三角關係的平衡，不得不再次面對彼此的衝突與緊繃，最簡單的方式，就是選擇離婚。

然而，三角關係不會因為離婚或死亡而消失，即便爸爸媽媽離婚了，媽媽在與孩子相處的過程中，仍會談論到爸爸，爸爸雖然看似不存在，但仍有力的影響著三角關係的平衡。死亡也是一樣的道理，例如，婆婆過世後，丈夫仍堅持婆婆留下的某些習俗或觀念，而且死者為大，生者永遠沒有與死者溝通思辨的機會，婆婆的靈魂仍留在妻子與丈夫的三角關係當中。

看到這裡，或許會覺得三角關係對關係危害很深。事實上，三角關係勢必會存在於關係中，是一個很自然的現象。在任何的文化、族群與時代，都存在著三角關係，這種現象甚至存在於其他物種。當雙方在焦慮衝突狀態下，穩定關係最直接的做法，就是拉第三者進來。

很多時候，我們不是刻意製造結盟或形成三角關係，但在話語中無意間就會流露出來，例如：「管管你爸，叫他不要……」「要不是你媽，我們也不會……」三角關係其實不是不該存在或錯誤病態的，而是人類處理焦慮時自然而然會有的一種方式，但重點在於，三角關係中是否有足夠的彈性。例如，孩子時而與母親結盟，時而與父親結盟，時而父母間結盟，而非讓家庭僵化於固定的三角關係，例如媽媽與孩子根深柢固的結盟，排擠爸爸，這樣的三角關係就是有害的了。

有了三角關係的概念，往後就能帶著覺察，看到家庭成員彼此之間的互動，避免無意識被捲入三角關係中。看到產生衝突的兩人時，我們要學習幫自己維持情緒中立，不選邊站，而是先安撫自己的焦慮不安，穩定好自己後，再與衝突中的雙方維持冷靜和平的接觸。必須學著放手，相信衝突中的雙方有能力解決他們的問題，至少，實驗性的放手看看，試試如果自己不管、不進入三角關係中，這兩個衝突中的人，會不會有別於以往，出現新的互動模式。記得，當一個人的互動模式改變，其他人的互動模式也會跟著改變。

許多人在練習不捲入三角關係的過程中，為了刻意維持對雙方的公平，反而引發焦慮，讓不舒服的感覺潛藏在關係中暗伏流動。例如，兄妹之間發生爭吵，媽媽為了維持公平，告訴哥哥應該要讓妹妹，妹妹應該要聽哥哥的話，但兩人都覺得媽媽偏心、不公平。這麼做反而讓手足彼此去競爭媽媽的認同與愛，並認為解決爭吵問題是媽媽的責任，媽媽被捲入兄妹的衝突，形成三角關係，成為衝突的阻隔者，引發孩子相互競爭，導致孩子失去學習自己調解衝突的機會。當第三方看似冷靜，實則帶著焦慮刻意維持公平時，其實就已經失去情緒中立了。

外界的紛擾，來自於我們心中無法放下。人世間最難的，就是人與人之間複雜的相處。許多人尋求心理諮商或海量閱讀心理學書籍，企圖找到一個最正確的相處方法。但我認為，人與人之間的互動，沒有所謂的正確或不正確、常態或病態，只要保持互動，不陷入僵化的模式或角色中，維持彈性，多實驗不同的互動方式會對關係帶來什麼不同的轉變，吸收最適合自己的方式，那麼這樣的方式，對你來說就是最合宜的。

第三部

現代青少年面臨的問題

現代青少年對人際互動間的處理特別不擅長，他們的心理年齡成長尤其緩慢，社會化程度相對不足，青春期變成了兒童期的延伸，而非成年期的開始。

與網路小孩的跨世代溝通

某天，我去朋友家。她的小孩差不多兩歲大，還不怎麼會說話，卻已經會拿爸媽的手機拍出許多照片、知道如何為手機充電。在餐廳中，許多父母為了讓幼兒安靜下來吃飯，會拿出平板給幼童看。在國高中校園裡，下課時間鴉雀無聲，因為大家都拿出手機滑。拒絕來學校上課的青少年，也不再加入幫派聚眾鬧事，而是躲在家中沉迷於網路。

網路改變了人與人之間的相處方式，現在青少年已全面是網路世代的孩子，他們從一出生就與網路形影不離。到底，網路對這群青少年所造成的影響，具體而言有哪些呢？

研究世代差異超過二十五年的特溫格教授（Jean M. Twenge），她在《i世代報告》一書中，將一九九五到二〇一二年出生的這群人，稱為網路世代。他們受網路影響深遠，每天的生活都圍繞著網路。許多父母告訴我，他們無法理解孩子為什麼寧願黏著手機，也不願跟人有真實的互動？

現在這群人已全面進入大學中，甚至進入職場中，公司陸續召募網路世代的職員，因此開始需要對網路世代有所了解。另外，這群人已是消費市場的主力，商品的行銷需符合網路世代的口味；從總統候選人不斷上YouTube頻道也可以看出，網路世代也開始影響選舉、結婚與生育率等未來社會發展。

特溫格從她的研究中發現，網路世代青少年具有以下幾個特徵：

- 面臨嚴重心理健康危機
- 憂鬱不安，自殺比率陡增
- 網路霸凌議題
- 人際疏離，寂寞孤獨感嚴重

- 沒有叛逆期
- 延遲長大
- 對多元族群差異更包容，例如同性戀
- 上網時間遽增，壓縮到課業與打工時間
- 失眠問題嚴重
- 不喜歡面對面互動，習慣透過社群軟體
- 宅在家裡
- 被父母過度保護
- 重視安全，酒後開車、吸毒、打架者減少
- 需要情緒安全感，出事期待第三者（父母或師長）出面協調
- 生活豐足，欠缺內在動力與目標
- 對性、愛情的不信任

延遲成長的網路世代

現在的大學生，打工比率逐年下降。雖說打工或許難以學習專業職場技能，卻能為出社會做準備，從備受呵護的家庭環境中脫離，學習職場與人相處、應對進退的軟實力。缺乏這樣的訓練，被過度保護的結果，導致大學生的處事能力像小學生。

例如，他們會因為「朋友看表演的時候只跟我坐，不想跟其他人坐，但我也想跟其他同學一起坐」或是「室友跟我借墨鏡，不借怕被覺得小氣，可是墨鏡很貴不想借她」而煩惱到來找我諮商，對人際互動間的處理特別不擅長，擔心拒絕會讓別人不開心，期待大人出面協助處理。

這些大學生之所以對人際如此敏感，是因為網路讓人際之間變化快速且關係相對薄弱，今天我跟你好，明天可能就會為了一點小事而產生心結，社交技巧的缺乏，讓他們不知道如何溝通處理，於是選擇加入敵對陣營，一起開分身在網路上罵昨日的朋友。人與人之間的信任感相當稀缺，而且網路霸凌不是面見才會被霸凌，不是離開學校環境就可以脫離。網路霸凌是二十四小時不間斷的，你甚至不知道現在身旁的這個朋友，會不會就是在網路上偷罵自己的人，人與人之間的互動變得相當赤裸、沒安全感。

於是，現在的大學校園裡，熱衷參與社團活動的學生愈來愈少，更多人自顧自的生活，時間到來上課，時間到就下課回家，除了必要的分組報告需要跟同學對話，其他時候都獨來獨往，許多學生認為自己是邊緣人，也習慣當邊緣人。

即便班上有比較要好的同學，但也沒好到會說心事、互相幫忙的程度，就是認識名字會稍微聊天說話罷了。於是，很多人內心感到相當寂寞與不安，甚至有學生會帶著睡覺放在身旁的玩偶來上課，而且玩偶要跟自己身體接觸才有足夠的安全感。有些學生會幫玩偶創ＩＧ帳號，用玩偶的身分發文，還會邀請同學追蹤玩偶的ＩＧ帳號等等；難過的時候，最好的朋友就是這玩偶，他們會私訊玩偶的ＩＧ，敘說自己的心事，再用玩偶的帳號回應自己，以此來自我撫慰情緒。

這些行為，看起來很像小學生會做的事，卻真實發生在現今的大學校園中。許多生活無虞的學生，他們的心理年齡成長尤其緩慢，會將重心放在自己關注的事物，社會化程度卻相對不足。反觀那些因為家庭保護較少、需要打工養活自己的孩子，因為出社會早，較有機會培養獨立自主的能力，遇到事情較能獨當一面去處理。但我預估，在少子化的趨勢下，未來十年內，大學生心理年齡幼齡化的現象會全面發生於校園中。

大學生成長趨於緩慢，甚至不願意長大，是一種社會變遷下的結果。這樣的策略沒有對或不對，任何決策勢必都有好的影響，也有壞的影響。緩慢成長策略源自於少子化，過去一個家庭生養五、六個孩子，父母為了養家活口都不容易，沒有太多時間照應每個孩子，所以孩子很早就學會自理生活，有的甚至從小就需打工補貼家用，大一點的孩子還需擔起父母的角色，照顧年幼的弟妹。

但現在家庭人多只生養一、兩個孩子，無論物質資源或心理上的關注都集中在孩子身上，許多父母會定期給孩子零用錢，甚至孩子根本不需要零用錢，因為直接跟父母要，比自己存錢還快，例如跟父母要最新上市的手機，而不是靠自己存零用錢去買。

另外，父母對於孩子的保護也更甚以往。許多父母即便雙薪工作，但仍盡量不單獨留孩子在家，鑰匙兒童減少，孩子上下學都有父母開車接送，避免晚上補習回家獨自搭車遇到危險，孩子若在學校遇到什麼事情，父母大多也很願意出面為孩子處理。在競爭激烈的現代社會，父母期待孩子花更多時間培養自己未來的競爭力，其他一切都不用擔心，甚至連家事也完全不用做。

過度溺愛的結果，是父母不願意孩子長大，孩子自己也不願意長大，甚至恐懼長大。我曾聽過大學生告訴我：

- 長大意味著要自己做決定並負責，但我不知道怎麼做決定。

- 大學校園中，高年級生喜歡稱低年級生為「小孩」；有父母會稱呼已經是國小生的孩子為「寶寶」。
- 不喜歡教授上課要學生查資料，覺得很迷惘，期待填鴨式教育。
- 學校行政人員應該要二十四小時為學生服務，立刻幫忙解決問題。
- 認為保護學生、為學生服務是教職員的責任，不自己處理衝突，需要請學校第三方出面協助處理，避免當事者面對面處理危及人身安全。

這些「後青春期」的孩子容易感到退縮、情緒不安，青春期變成了兒童期的延伸，而非成年期的開始。網路世代從小被保護得很好，這讓他們更重視安全，不喜歡酒後駕駛、喝酒，暴力毆打行為及性侵問題減少等等。

有一派說法，認為網路世代青少年的緩慢成長策略是一件好事。因為大腦神經科學證實，人的大腦前額葉要到二十五歲才會發展成熟，而大腦前額葉跟衝動控制、情緒調節、思考、溝通、做決策的功能有關，因此青少年等到大腦前額葉成熟再長大，比較不會做出危險行為。

但另一派認為，當青少年被過度保護而延遲長大，反而讓大腦沒機會從錯誤中累積經驗並加以修正，學習機會被剝奪的結果，更加深孩子緩慢學習的問題。無論你是否認同青少年的緩慢成長策略，好消息是，現今的青少年，相較於前面幾個世代，變得比較不叛逆。

消失的叛逆期

曾經有媽媽告訴我，她的兒子才國二就發生性行為，下課不回家跟朋友鬼混、抽菸，甚至會欺騙父母自己在補習班，但被抓包其實在網咖打電動。

這位媽媽是知名外商企業的高階主管，同事的社經地位也都具有一定水準，跟其他同事的孩子相比，她覺得自己的兒子真是個異類。其他同事的孩子都乖乖的，自動自發讀書，即便書讀不好，至少不會做什麼出格的事情，不知道為什麼自己的孩子就特別叛逆，只要父母擔心什麼，孩子就會做出父母擔心的事，現在他們最擔心孩子吸毒，卻完全不敢提醒孩子要注意毒品問題，深怕一說出來，就發現孩子吸毒去了。

當時我聽到的時候，心裡其實有點存疑。我心想，叛逆期不是青少年的標準配備嗎？怎麼可能同事小孩都這麼乖，應該是同事間為了面子，或家醜不外揚，所以只誇孩子優點不說缺點吧？而我訪談的這位媽媽，應該是比較願意說出自己孩子真實的狀況，所以才顯得問題多。

然而，我在二〇二〇年九月，針對任職大學的新生進行問卷調查，了解青少年與父母互動的情形，結果顯示這位媽媽說的是真的！並不是父母為了面子隱瞞自家青少年的叛逆行為，而是現代叛逆的孩子真的大幅下降許多。

學生與父母的互動相處方式早就不同於以往。過去，許多青少年認為父母用單向、權威、命令的方式溝通，不懂他們的想法，他們表面順從父母，但內心想逃離父母遠遠的。

如今的青少年大多認為父母像自己的朋友，有時候有心事會跟父母說；

父母至少有一人是開明的，雖然有時候觀念不同，但多半會尊重自己的選擇；若覺得父母有道埋，自己也願意聽從父母的建議；父母通常不會干涉自己的未來跟科系選擇。青少年會認為，父母即便不是完美的，但也諒解他們第一次當父母，已經盡力了。許多學生自述自己最愛、最重視的人是父母。

另外，十多年前大學生最討厭的就是上離家太近的大學，看別人都可以住校遠離爸媽，自己卻得每天回家，所以他們填志願的時候，會選擇離家愈遠的學校愈好。但現在多數的大學生不排斥住家裡，認為住家裡省錢，而且父母也不會管太多，各過各的生活不會被彼此干擾。甚至有從小到大生長在都市的人，寧願選擇比較差的學校跟工作，只為了繼續留在都市，不想離家去異鄉生活。

現代青少年叛逆期的消失，除了因為父母更願意學習如何教養孩子，也願意改變溝通方式之外，另一個影響的原因，來自父母與孩子皆採取緩慢成長策略的整體社會環境變遷。

如今父母對孩子保護更多，尤其科技的發達，甚至只要在孩子的手機上安裝追蹤應用程式，就可以知道孩子的行蹤。照理說，孩子到了青春期的年紀，應該會反抗這樣的管束，為了爭取獨立自由跟父母爭吵。然而，特溫格教授針對世代差異的研究成果卻顯示，網路世代青少年與父母爭吵的次數，從二〇〇五年的66%，降到二〇一五年的56%。也就是說，如今青少年被父母管得更緊，但與父母的爭吵卻變少了！現今青少年為逃離父母管束而離家出走的比率，也在二〇一〇至二〇一五這五年之間大幅降低。

二〇一四年，美國開始出現「adulting」這個新字，代表青少年要更留意自身的責任，緬因州甚至開設「大人學校」（Adulting School），教導年輕人如何摺衣服、管理財務等等，各種長大成人應該會的基礎生活課程，這些都在在顯示網路青少年的緩慢成長現象。

數位成癮與時間管理

許多學生告訴我，他們有時間管理上的問題。以前國、高中階段，時間都被安排好，白天在學校上課，晚上去補習，但上了大學之後，就不再有人管自己、逼自己讀書，反而很焦慮不知道該如何規劃自己的時間。

他們不確定該花多少時間預習、複習課業，而且還發現自己很難專注，翻開課本不到十分鐘，就不由自主的拿起手機滑，等回過神來，才發現怎麼一個小時就不見了！時間好像被偷走一般。有時候很想克制自己不要去滑手機，但朋友敲自己的訊息聲一直響，就會忍不住回覆訊息，真的很難專心。

晚上睡覺前，才發現自己整天該做的正事都沒做，覺得很焦慮，只好開夜車工作，睡覺一直想著自己沒完成的事情，影響睡眠，常常要躺一、兩個小時才能入睡，隔天就會很累、起不來上課，一直惡性循環，不知道該怎麼辦才好。

根據監測未來調查二〇〇六到二〇一五年的追蹤研究，網路世代十二年級生每天平均花兩小時十五分鐘在手機上收發訊息、兩小時上網、一小時四十五分鐘使用社群媒體、一小時三十分玩遊戲，一整天用在新媒體上的時間總計就有七個半小時！

「就像失控一樣。我也不想一直用手機，可就是忍不住。我好氣我自己無法克制，但也好討厭爸媽管我用手機！」國二的柯宇說。

「有一次，媽媽又一直在罵我用手機，叫我趕快吃飯，手機收起來。但我在玩遊戲，不能暫停。媽媽在房間外面一直罵，罵到我覺得好煩，就拿槌子把手機砸了。」

「砰！」手機被砸的瞬間，發出像爆炸一樣的聲音跟燒焦的氣味。

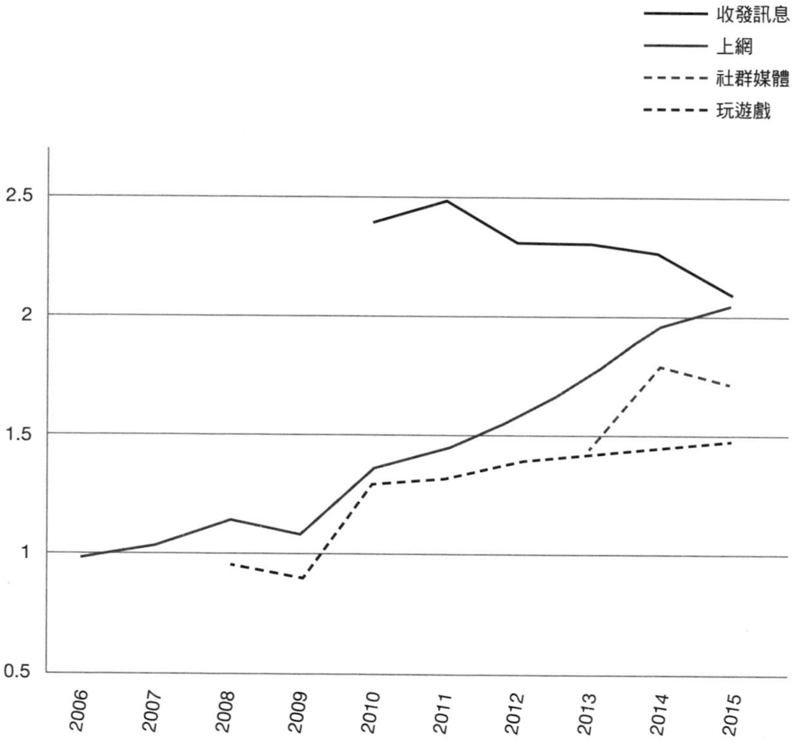

美國 12 年級生每天使用新媒體的時數

資料來源：監測未來調查，2006-2015 年

「我媽嚇壞了，我也嚇壞了，我怕手機還是沒壞，我又會克制不了一直玩，乾脆把手機從窗戶丟出去，摔得粉身碎骨。」

「後來，我爸媽說要買新手機給我，我拒絕了。我規定自己段考後才能買，不然我根本被手機遊戲綁架，無法念書。我覺得自己好矛盾，很想玩手機，但又很氣自己花太多時間在上面，覺得自己應該花時間念書。但玩遊戲有趣多了啊！我其實有點挫折，不太知道怎麼規劃時間跟控制自己。」

在與柯宇晤談過後，我才發現，原來柯宇之所以不知道如何規劃時間跟控制自己，是因為他有一位能力很好的媽媽，會為他安排好生活大小事，也幫他找好家教老師。只要在家教時間被媽媽逼去上課，天資聰穎的他成績也差不到哪去。

在這個家，媽媽的責任是規劃柯宇的學習時間，而柯宇的責任是為自己爭取更多打手遊的時間。我鼓勵媽媽開始讓柯宇學習為自己的生活做決策，下放選擇權給孩子，一起討論如何分配時間。

例如要花多少時間讀書、多少時間玩樂？是否要請家教？希望成績維持班上第幾名？未來希望讀什麼大學或科系？對自己的期待是什麼？當孩子有選擇權，就會比較願意為自己的行為負責，開始會注意自己花太多時間打電動，提醒自己趕快去念書，而不是每天都要被媽媽罵才去念書，讓親子關係緊繃。而且，這麼做的同時，也是在訓練孩子開始學習如何去分配、規劃自己的時間，訓練自律。

「如果我就這麼放手了，孩子成天打電動，都不讀書怎麼辦？」柯宇媽媽焦慮的問我。

「是的，或許柯宇一開始會規劃把全部的時間都拿去玩樂。但他也有榮譽心跟競爭心。當他發現這樣成績會變得很爛，就會規劃多一點時間去讀書。他會有自己的底線，只是這個底線或許跟媽媽心中的底線不一樣。例如柯宇有要求自己再爛，都不能輸過班上的某人。」我告訴柯宇媽媽，青少年的內在是很矛盾的，被父母管的時候，孩子想獨立自由，但遇到問題，又想依賴父母。

無論成功或失敗，都是孩子最珍貴的學習機會，要忍住不要急著幫孩子解決問題，讓子彈飛一陣子，讓孩子自己去解決問題，等孩子尋求你的支援，再慢慢引導，不要豁下去幫孩子解決。

當父母不為孩子的成績負責，不會去鞭策孩子讀書的時候，孩子反而會開始自己去讀書。不是等孩子會自我管理才放手，而是放手後孩子才學會自我管理。有很多學生都曾跟我說，父母不管他們的課業，但他們會自己管理自己，且最後他們確實都考上不錯的大學。同儕之間的競爭壓力會讓他們有榮譽心與競爭心，不想在同儕中當輸家被嘲笑，這是自然的競爭法則。

我們都以為，父母的責任就是要去「管教」孩子，但這是對年幼孩子的教育法，對青少年來說，他們更需要的是父母的信任。要信任孩子有能力規劃自己的生活、有能力解決遇到的難題，當青少年遇到問題，來向父母求助時，父母再給予引導，青少年才有機會從經驗中學習與成長。

這麼做是為了讓身為青少年的孩子了解，人生是他自己的，他所做的一切是為了自己，不是為了父母、為了師長、為了別人眼中的期待。孩子是自己人生的主人，需要為自己努力與盡責。

發展心理學家認為，孩子九歲以前屬於「他律」階段，這個階段需要父母的管束和教導；但在孩子九歲以後，要由父母引導如何「自律」，學習自我管理、為自己負責。父母如果在青春期仍用管教的方式約束孩子，就會發現孩子變得沒有責任感、被動、放逐自己、任性、不耐煩與叛逆等等，孩子會用自己的方式，抗拒父母認為的好。

事實上，父母需要學習，別再用管理國小三年級生的方式管理青少年。一個主動負責的孩子，來自父母的放手。青少年在這個時候，需要的是父母的了解、賞識、信任與陪伴，父母需要學習放手讓雛鳥飛翔，別讓保護的繭，讓本該展翅飛翔的羽翼萎縮。父母需要記住，少即是多，當沒人為孩子負責，孩子才會回過頭來關注自己的狀態，思索自己的未來。

幫孩子訓練專注力

當將責任歸還給孩子，讓孩子願意自發性的管理自己之後，此時孩子的動機就會由外在轉為內在，開始願意求助，學習如何專注與時間管理的方法，這時候父母再介入給予協助，孩子才會願意學習。

還記得前面提到，青少年一天大約花七個半小時在新媒體上嗎？但是青少年一天光上課、補習、寫作業，校內活動就花了大約十六到十八個小時，到底如何再擠出七個半小時去滑手機？答案很明顯，青少年犧牲了睡眠時間。

很多網路世代都沉迷於社群媒體，該睡覺的時候，很難放下手機好好睡覺。雖然睡眠時間已經很少，也覺得很累，但就是很難放下手機。現代青少年的睡眠不足問題相當嚴重，導致白天昏昏欲睡。此外，睡眠不足也會是導致憂鬱焦慮的原因之一。

一、拖延者需小單元學習

對於喜愛拖延的人來說，拖延對他們是有好處的，可以將不喜歡的事情留到最後一刻很有效率的完成，其餘大部分的時間都可以從事自己喜歡的事情。於是在習慣性拖延的學生身上，就會出現平時都在打電動、滑手機，要段考前才臨時抱佛腳，最後卻發現高估自己能力，時間根本不夠讀，導致難以有好成績。有些學生為了避免失敗的感覺，乾脆不讀了，形成一種「不是我能力不夠，我讀了也是很厲害的，只是我不想讀而已」的錯覺，避免面對自己能力不夠的事實。

因此，對於喜愛拖延的人來說，他們需要的是「小目標的檢核點」。例如，不能等到段考才來檢視他們的學習成果，需要平時用一週一次的小測驗來檢核，拆成小單位讓他們臨時抱佛腳，他們比較有可能達到目標。

另外，網路世代的特性就是「快速」，網路世代注意力較短，也較沒耐心，要符合快速破關的特性，考試就好像遊戲的關卡，平時要有許多較簡易的小魔王關卡，鍛鍊學生能力與自信，讓學生可以快速獲得回饋的成就感，能力才足以升等到面對大魔王的段考。

至於小單位學習，要怎樣切才適當，需要跟學生本人討論，每個人拖延程度不一樣，對每個科目的擅長程度也不一樣，讓學生自己去制訂學習計畫，學生會比較願意執行。

除了小單位學習的方法之外，拖延者背後往往有心理抗拒，仔細觀察，可以發現如果這科目是學生不擅長的，拖延問題會特別嚴重。因此，當我們在工作、讀書的時候，要讓自己做到一半，停在高潮，這樣在休息過後，才會迫不及待想回到工作中繼續完成。可是大多數人會等到卡關、一籌莫展的時候才停止，這樣等下次要回頭繼續工作的時候，當然會覺得很抗拒、焦慮。切記，面對愈困難的工作，愈要停在高潮。

二、易分心者需學習正念法

現在很多孩子手機不離身，讀書的時候手機放一旁，連洗澡、上廁所也都要帶手機進去，睡覺的時候手機就放在枕頭旁邊，甚至聽到訊息聲，睡到一半還會爬起來回訊息。

我們都被訊息的鈴聲制約了，一有訊息就忍不住馬上看、馬上回覆。於是在讀書的時候，不斷被打斷、分心。我們的專注力變得只能維持幾分鐘的時間，就會習慣性的想拿起手機滑，看看是否有人尋找或回覆自己。

如果你的孩子也有這樣的情況，建議在讀書、睡覺的時候，手機最好放在另一個房間，或是把網路關掉，避免訊息的干擾。尤其是現在許多學生都有失眠的問題，但之所以會失眠，部分原因是睡前滑手機，刺激大腦運作，導致很累卻睡不著，睡不著覺得無聊，於是又拿起手機來滑，惡性循環。處理失眠的第一步，就是把手機關靜音，並讓手機遠離床邊，至少隔床頭五步路的距離。

讀書也是一樣的道理。比起艱澀無聊的教科書，手機當然更加吸引人，於是遇到讀不懂的時候，容易習慣性的拿手機來滑，解除焦慮感。對這類孩子來說，一次要他們讀太久的書是有困難的，一想到要坐在書桌前讀好幾個小時的書，就覺得挑戰很大，很難讓自己坐在書桌前，心理很抗拒，於是又慣性拿起手機逃避讀書，安撫焦慮。

與其要求孩子一次讀一個小時的書，不如反其道而行，規定孩子一次只能讀十分鐘，十分鐘到了，不管讀得再起勁，都得停下來休息三分鐘。十分鐘聽起來是個簡單的小任務，孩子比較願意嘗試，且獲得成功經驗後，再慢慢拉長專注時間，例如十五、二十分鐘，慢慢訓練孩子的耐受度。

但要特別注意的是，即便孩子可以長時間專注了，也別要求孩子一次要專注好幾個小時，專注的重點是休息。例如心理師諮商個案的時間，大多以五十分鐘為單位，正是因為研究顯示，這是人專注力能夠維持的長度。因此建議最長工作五十分鐘，就要休息十分鐘。但到底該工作多久、休息多久，每個人需要的時間長度不同，可以自行彈性調整。

另外，如果在該專注的時間中，突然分心了，這時候要學習正念的態度，也就是活在「此時此刻」，而不是活在對「過去」的懊悔中。例如自己書讀著讀著就發起呆了，只要告訴自己：「啊！我走神了。」然後回到工作中即可。不需要再花時間，指責自己過去那一刻的分心，白白浪費更多時間，增加自我挫敗感。

三、過動者需在吵雜環境學習

很多人以為，讀書就該在一個乾淨、安靜的地方，但實際上，每個人需要的讀書環境不同。尤其對於過動、注意力不集中的孩子來說，反而要在開著電視，或是類似麥當勞這類有背景雜音的地方讀書，才能幫助他們專心，在過於安靜的地方，注意力不集中的孩子反而無法好好久坐著，他們會動來動去，煩躁不安。

但要特別注意的是，如果你的孩子較適合在帶有背景雜音的地方讀書，記得讓他去固定的幾個地方，例如家裡附近的便利商店、麥當勞、咖啡店等等，不要每次都讓孩子去新的地方。孩子對於新地方會感到好奇，加上孩子控制注意力的大腦前額葉尚未發展成熟，因此比起大人，孩子對新環境的刺激特別敏感，難以專心。但若在孩子熟悉的環境中，則可以降低誘發孩子分心的因素。

教孩子學習目標設定

有些家長覺得孩子時間管理的能力很不好，但背後原因其實在於孩子的目標設定與父母認定不同。父母期待孩子達到的標準或許過高，孩子沒有動力去執行，或是孩子認為已經達到自己設定的目標，因此缺乏動力去努力。在這樣的情況下，問題就不是出在孩子的時間管理能力，而是父母要與孩子對於目標設定找到共識。

另外一種情況，就是孩子對於自己要求太高，設定了過高的目標。例如一位來自鄉下的孩子，只學過基本的英文字母，卻要求自己跟大城市裡已經跟著外語老師學了好幾年英文的學生，有同等的英文能力。鄉下孩子的英文能力，與城市孩子落差太大，這位鄉下孩子當時找上我，訴求她要學會時間管理，有更多時間讀英文，但我告訴她，她需要的是調整自己的標準。在心理學派的治療方法中，有一種學派叫做「焦點解決短期治療」(solution-focused brief therapy, SFBT)，認為小改變會如同滾雪球般，帶來大改變。

我們對於目標的設定，應該略高於自己的能力，但是稍微努力就可以達到。等達到目標後，再設定下一個略高於自己能力的目標。這就跟重訓的原理一樣，必須逐漸增加重量訓練肌力，如果直接設定過高的目標，就如同直接挑戰過重的重訓，會對肌肉造成傷害。

同理，設定過高的目標，會容易給自己過高的壓力，引發焦慮、憂鬱、強迫、腸躁症等身心問題，反而會造成大腦功能的損傷，影響讀書效率。

在這個「多工時代」裡，專注力已成稀缺品，需要「刻意練習」再加上一點技巧，降低分心的影響，讓工作更有效率。

社群軟體與網路霸凌

「國中很常有小圈圈，小圈圈最常說別人的壞話，但是小圈圈換的很快，當你不在小圈圈裡，就會變成被說壞話的人，而且不只在小圈圈裡說壞話，還會去匿名社團罵你。為了打進小圈圈也只好說別人壞話，以免不在圈圈裡會被排擠，同儕間一直有很不安全的感覺！」——台北某國中輔導老師

「最近很多學生會故意私底下開小帳罵人，其他同學會故意截圖給被罵的人看，罵人的同學也很清楚對方其實會看到，不懂學生為何故意這麼做，讓網路上被罵的同學感覺被背叛或自信受損，班級氣氛糟透了。」——新北某國中導師

「我很內向不敢主動認識人，最害怕分組，常常被當空氣或是跟最後剩下的人一組，感覺自己被排擠。」——台北某國中生

「我覺得被誤會了，我那句話根本沒有那個意思，但他們在ＩＧ的限時動態把我說得很難聽，連別班同學也都看到了。我企圖解釋，他們根本不給我機會，一群人在網路上留言罵我。」——新竹某國中生

社群網路的興起，讓人與人之間的聯繫變得更容易，甚至不用親自互動，在臉書、ＩＧ上就可以潛水偷偷關注某人。但對許多人來說，這樣的便捷，並沒有拉近人與人之間的距離，反而產生不信任、疏遠的感覺。

我觀察我的許多學生，發現近年來孩子人際退縮的比率逐漸增高，他們害怕認識新的朋友，不敢主動說話、對話的時候也不會有眼神接觸，可以感覺出他們很緊張不安，像受驚的小白兔。

然而，心理學研究告訴我們，在人與人互動過程中，眼神交流是非常重

要的，透過眼神接觸，可以誘發對方分泌催產素，催產素又被稱為人際連結激素，可以有效促進人與人之間的信任感。

可是現在許多年輕人都不再面對面互動了。他們不再一起出門玩、參加社團活動、看電影、逛街，大部分時間都是獨處，通常也只會上網、玩社群媒體、看YouTube、回訊息。某些年輕朋友表示，他們討厭面對面溝通、也討厭接到電話，這會讓他們感到措手不及、很有壓力，引發社交恐懼。

根據監測未來調查研究顯示，現在青少年主要透過「收發訊息」的方式聯繫朋友，並已經取代面對面的聊天。在文字溝通成為主流後的未來，大家不再知道該如何正確解讀臉部表情並給出適當回應，只知道如何選擇正確的「表情符號」來回應情緒。

面對面互動的減少，導致青少年社交技巧低落，特別不會處理跟人際有關的議題。尤其，有些話透過訊息很難傳達清楚，但他們卻相當害怕與當事者面對面溝通、澄清。在網路世界中，大家你一言我一語，事實難以求證，

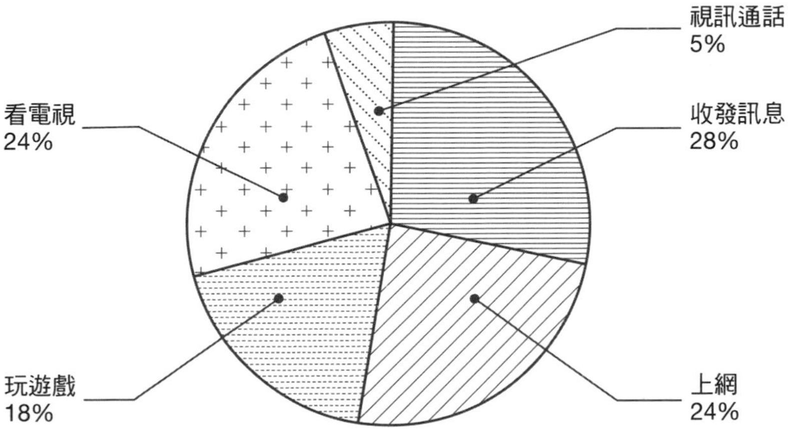

美國 12 年級生如何分配他們的螢幕時間

資料來源：監測未來調查，2013-2015 年

好像不需要為自己的發言負責，也可以隨意造謠，導致小事不斷被放大檢視，誤會難以消除。大家在網路上找到各自的擁護者互罵，誰的勢力大，誰就成為勝者。現在青少年對人際間的互動過度敏感，深怕一不小心得罪了誰，就會在網路上被公審。

然而，即便在網路世界能夠呼風喚雨，看似有很多好友相挺，但在真實世界中，卻找不到人可以陪自己出門逛街、訴說心事。許多青少年覺得自己寂寞、沒朋友，擔心被拋下、被討厭、成為邊緣人。網路世界讓青少年的人身安全無虞，但情緒風險卻是歷年最高。

網路世代的孩子相當重視「情緒安全」的概念，當與人相處的時候，他們會盡量迴避不自在的狀況，有不同想法卻不願意提出，也會迴避爭議性的意見。當他們與人對話的時候，如果覺得不舒服，無法與對方辯論，較常用哭泣、憤怒來反映自己情緒上的不安。

長時間使用網路，自殺風險高

現在的青少年，可以說從出生就被網路包圍，因此，網路的使用時間與心理健康問題需要被重視。從下圖的研究分析顯示，長時間盯著手機、電腦與平板的青少年，不只是憂鬱症的高風險群，自殺率更是高得嚇人，心理健康成為網路世代最需要重視的問題。

然而，現在許多學校課程跟網路緊密結合，這是科技趨勢的發展，不需要完全禁止孩子使用網路與電子產品，身為家長，需要做的是規範孩子使用網路的時間長度。

到底，孩子使用網路的時間多久比較恰當呢？研究分析顯示，每日三小時的電子螢幕使用時間，會增加青少年的自殺風險。事實上，每天光是使用網路超過兩小時，自殺風險就會比完全不使用網路的人來得高。尤其是那些每天使用網路超過五小時的重度使用者，自殺風險與不快樂風險急遽攀升。

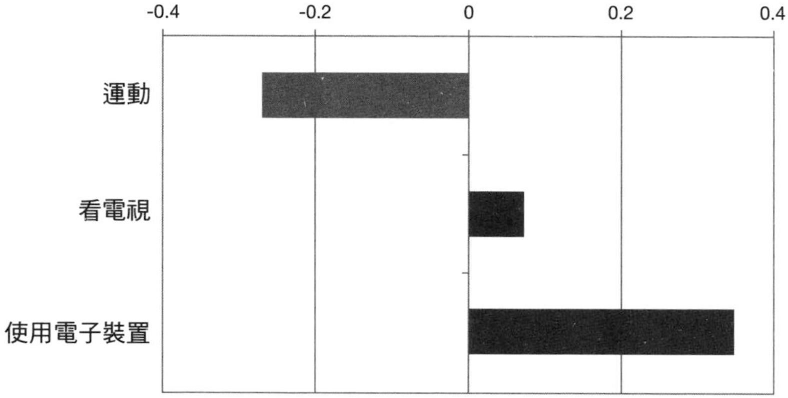

美國 9-12 年級生因花時間在螢幕與非螢幕活動
而至少有一項自殺風險因子的風險

資料來源：青少年風險行為監測調查，2013-2015 年

要注意的是，不只電子裝置的使用時間愈長，會增加自殺與不快樂的風險，使用的年齡也是關鍵。據研究顯示，青少年愈小使用網路，就愈容易不快樂。

監測未來調查在二〇一三到二〇一五年，針對八年級、十年級與十二年級生長時間使用網路的狀態進行研究，發現年紀愈小的青少年，愈容易因為使用社群網站而感到不快樂。每週使用社群媒體十小時以上的八年級生中，超過56％容易不快樂，十年級生則有47％不快樂，十二年級生不快樂的比率是20％。

自我認同與人際關係

為什麼年紀愈小的青少年，愈容易因為使用社群網站而不快樂呢？這其實跟青少年的「自我認同」發展有關。年紀小的青少年比較會在意同儕的眼光，同時因為青春期，他們的發育程度可能跟同儕不一樣，甚至有些為痘痘所苦，讓他們在心理上變得較為脆弱。

另外，年紀小的青少年，處理事情的方式也比較不成熟，有些青少年為了讓自己在社群媒體上受歡迎，可能拍下性感照或裸照，只為求得關注與肯定，卻沒想到裸照可能被公開瘋傳，以及身材被大眾評論的風險，在網路上凡走過必留下痕跡，或許現在不在意，但在未來這張照片卻可能讓自己無法順利面試上想讀的學校，甚至無法錄取應徵的工作。

此外，觀看社群媒體會讓人陷入低潮、沮喪。看著同儕在網路上呈現美好的一面，容易覺得自己是失敗者，覺得為什麼別人活得這麼成功、自信、精采，自己卻像魯蛇、沒朋友、沒自信、沒成就？愈看愈感到焦慮、憂鬱。殊不知，在網路上大家都是鴨子划水，表面看似優雅輕鬆，私下卻拚命掙扎。

網路的人際議題也是一大問題。時常有學生跑來找我，傷心的告訴我說，他以為跟大家是朋友，沒想到卻在ＩＧ上看到大家相約一起去聖誕趴、跨年，唯獨遺漏了自己，原來友好都是假象，是他自作多情，自己肯定是被排擠了，才沒被邀請，於是黯然退出群體。

有學生告訴我，他心儀的對象都很久才回他訊息，或是已讀不回、不讀不回，讓他很焦慮，不知道兩人之間發生什麼變化，對方為什麼突然冷漠，但也不知道該怎麼問對方，感到相當煩惱，對人際互動顯得不知所措。

就連在網路上跟朋友私訊聊天，都要小心翼翼，深怕說了什麼話或傳了什麼圖片，一不小心就會被截圖流傳出去。我們永遠不知道，這些私密的對話是否真的不會被公開？是否會在網路上被群起訕笑？在現今的生活中，約有三分之一的青少年正遭遇網路霸凌的傷害。

研究顯示，多鼓勵孩子放下手機，增進面對面的互動，可以改善心理健康與對生活的滿意度。另外，慶幸的是，隨著青少年逐漸長大，他們開始對自己比較有自信，對於是非對錯比較有批判思考的能力，也比較知道如何在網路世界中保護自己，受到社群網路影響身心健康的情況逐漸減緩。

校園霸凌與網路霸凌

霸凌問題與青少年自殺的風險息息相關。從下圖研究可看出，被校園霸凌的孩子，考慮自殺或正擬定自殺計畫的比率近兩倍，高於平均值。此外，遭受網路霸凌的青少年中，有66%考慮自殺或正擬定自殺計畫。

事實上，網路霸凌問題很難杜絕。現今的科技法律仍跟不上時代快速變化，人們只要在匿名社團發言，隨意造謠、毀壞他人名聲，即便告對方誹謗，警方也不見得能夠追查到對方的IP，尤其如果跳板到國外，台灣警方是無權請國外公司提供個資追查IP的。

這種現象會造成的問題是「匿名性」與「責任分散」。社會心理學家津巴多（Philip Zimbardo）在一九六九年曾做過一個電擊實驗，發現在匿名的作用下，即便被電擊的人很痛苦，操作者仍會無情繼續電擊。匿名會造成「去個性化」（Deindividuation）的心理效應，人們不再受社會道德的約束，也不

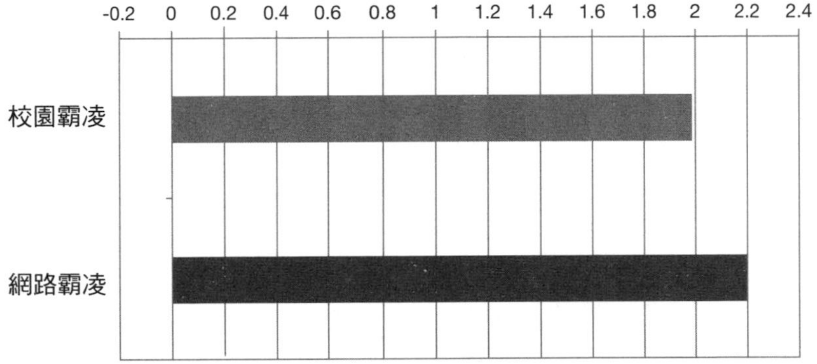

美國 9-12 年級生因網路與校園霸凌
而至少有一項自殺風險因子的風險

資料來源：青少年風險行為監測調查，2011-2015 年

再擔心他人對自我的負面評價，躲在匿名的背後，平時壓抑的負面行為容易表露出來，例如攻擊、侵犯、羞辱他人。

當匿名時，人們對於自我譴責的自控力也降低，較少感到內疚、恐懼、羞愧不安，也較難信守承諾。因此我們常常可以看到，一個在人前溫和有禮的人，卻在網路上呈顯暴力、攻擊、黑暗的一面。

然而，一個巴掌拍不響，網路霸凌最可怕的地方在於圍攻。當只有一個人在網路上用言語攻擊當事者時，若當事者自殺，大家會很明確知道是誰害的。但若一群人在網路上攻擊這位當事者，造成這位當事者自殺，卻沒人會覺得是自己的惡意攻擊害死一條人命，這是因為「責任分散效應」（Decentralized Responsibility Effect）的影響。社會心理學家發現，當圍觀的人愈多，大家愈會認為責任攤在所有人身上，平均下來自己需要負的責任微乎其微，甚至認為，自己完全不用為出事負責。

一條人命的死亡，惡意出言攻擊的人有責任，在網路上潛水旁觀的人難道就沒有責任嗎？為什麼即使是善良的人，看著當事者被辱罵，卻不出言維護、支持被網路霸凌的人呢？這是因為，「責任分散效應」與「旁觀者效應」是相輔相成的，旁觀的人認為別人應該會挺身而出，自己還是靜觀其變以免受到波及，變成自己被肉搜攻擊。

於是，沉默的人更沉默，攻擊的人發現沒有人反對，更多人加入網路霸凌的行列，霸凌者的同溫層增厚，被霸凌的人則會認為留言上的負面評論是全世界人對他的看法，自我價值與信念動搖，認為全世界都討厭自己、對自己抱有敵意，自己還是不要存在這個世界會比較好，憾事就這麼發生了。

要完全杜絕霸凌，我個人認為是不可能的。或許，霸凌在某種程度上是人的天性，即便在成人的世界中，職場霸凌問題也層出不窮，只是手法會比孩子高明許多，例如隱約的排擠、背黑鍋、同事之間的小圈圈、不同部門之間的對立反抗等等，與其幫孩子完全杜絕霸凌的環境，更重要的，是幫孩子發展出面對霸凌時如何因應的能力。

例如，跟孩子預先討論，看到別人被霸凌的時候，要不要挺身而出？用什麼方式挺身而出，可以保護自己又幫助被霸凌者？當自己也被霸凌時，先別急著把對方當敵人，因為當我們心中認定對方是敵人，對方就不得不坐上敵人的位置。我們或許有化敵為友的機會，可以引導孩子思考，如果能報復，孩子會選擇怎麼做？如果覺得很受傷，可以怎麼讓對方知道自己的傷痛？

當然，上述的引導，只是為了讓孩子先抒發負面情緒，等度過大腦情緒風暴後，再接著引導孩子用理性層面，思考可以用什麼成熟的方式來處理這些問題？鼓勵孩子嘗試處理霸凌問題，才能協助孩子發展因應霸凌的能力。

有時候，孩子會把跟同學之間的爭吵看得很大，一心想討好對方，希望對方喜歡自己，但換個角度想，我們何必花費心力在一個不喜歡自己的人身上？學會看淡一切也很重要，忽略問題也是一種技能，某個同學不喜歡自己，那自己也少去跟他互動接觸就好了。學習允許別人不喜歡自己，但不允許他人傷害自己。

近年許多受青少年崇拜的藝人偶像，相繼因為網路霸凌問題選擇自殺。受到「模仿效應」（copycat effect）影響，被網路霸凌或深受憂鬱症所苦的青少年會想，連這麼成功的偶像都選擇自殺了，自己的資源、能力比偶像少，更不可能有辦法撐著活下去，更會覺得自殺是唯一解脫的方法。

因此，家長若聽到新聞報導藝人偶像的自殺事件，就要特別注意家中長期有自殺想法的孩子，是否受到新聞報導的影響。給孩子額外的關注與陪伴，多傾聽孩子怎麼看待偶像藝人的自殺事件，問問他的感受，表達父母很願意給孩子需要的協助跟支持，理解孩子想死的意念，而非一味責罵否定。

很多時候，孩子表現出「一切都沒問題」的假象，只是放棄溝通和求助，唯有當孩子願意說，父母才能隨時掌握孩子的狀況，及時介入處理。或許父母能夠給予的幫助有限，但孩子最需要的是父母的陪伴，幫這他度過人生最艱難的時期。

小測驗

我家孩子被憂鬱所困擾嗎？

如果孩子曾覺得「生命沒意義」、「未來沒希望」、「自己做什麼都錯」、「我並不是非常有用」、「不同意我和其他人一樣享受生活」、「不同意活著的感覺真好」，很可能是出現憂鬱傾向了。快邀請孩子來做個測驗吧！

財團法人董氏基金會針對憂鬱量表，提供青少年版與成人版的簡易測驗：

18 歲以下
青少年版

18-24 歲
大專生版

社會人士版

青少年心理疾病相關問題

孩子有自殺傾向，該怎麼辦？

衛生福利部公布二〇一九年國人十大死因數據，發現十五至二十四歲，自殺居死因第二名，可見該族群的自殺議題非常需要獲得重視。二〇二〇年十一月，適逢台大期中考週，短短五天發生三起學生自殺案件。一時間，各校嚴陣以待，就怕發生模仿效應。當在痛苦深淵的孩子，看到其他孩子用自殺做為解決問題的方法，會認為這或許也是自己結束痛苦的最後解藥，於是，從有自殺意念，轉為實際做出自殺行為。

「自殺的人是抗壓力不足？」許多人認為，選擇自殺，是軟弱的表現，也是對於現實的逃避。但是，人在要死的前一刻，其實會非常的痛苦，我相信，如果一個人連自殺都做得到，他的勇氣絕對足以面對世界上任何的苦難。選擇自殺，不是因為逃避，是因為用盡了所有努力去嘗試，但仍無法讓自己脫離痛苦，那是一種很深沉的絕望感。自殺，是他們在最後的最後，想出可以解決問題的唯一方式。

可是，他們不知道的是，問題之所以無法解決，是因為他們只有一個人，因年紀小、資源有限，所以在他們的世界裡，找不到解決方法。他們需要的，不是叫他們「想開點，這沒什麼」，而是有人願意聽他們的苦惱與憂愁，跟他們一起想解決問題的方法，讓他們知道自己在痛苦深淵中，有人陪伴、理解他的痛苦，並且一起嘗試找辦法解決問題，讓他們在絕望中看到希望。

「學生會自殺，應該是課業壓力吧！」我在輔導實務的工作經驗中，的確有不少學生因為對自我要求較高而感到憂鬱、焦慮，尤其他們大多在國、高中時期學業表現優異，較少受到挫折，當進入大學，發現人外有人、天外有天，於是受到挫折卻不知該如何因應。

這裡要特別注意的是，一個人會自殺，往往不是因為單一因素所造成。或許考試讓課業壓力增加，但也有可能孩子一直以來都承受跟家人相處的某些困擾，甚至剛經歷分手、人際發生狀況、精神疾病等種種原因累加，讓孩子最終選擇結束生命。

「自殺的人一定有憂鬱症嗎？」其實，不是每個自殺的人，都罹患憂鬱症；也不是每個罹患憂鬱症的人，都會自殺。當我們得知孩子想要自殺的時候，確定孩子是否得憂鬱症，目的只是為了幫助孩子找到適合的藥物協助治療。但孩子更需要的，是父母的接納與關愛，而非將一切推給疾病。當孩子願意告訴父母他有自殺的想法，表示他很信任父母，而且想尋求幫助。這時候，父母可以詢問孩子以下問題：

一、關心孩子最近是否發生了什麼事？

釐清孩子的困境是什麼，才能與孩子一起擴散性思考解決問題的方法。這裡特別要注意的是，當孩子說出想死的原因時，父母不要覺得孩子小題大作，也不要以自己的角度強迫孩子接受建議，這會讓孩子感受到被指責與不被理解，下次反而選擇閉上嘴，不願意說了。如果孩子在說的過程，父母師長不知道該如何回應，可以試著用以下同理心回應的對話方式：

・我聽到你說……

先去傾聽孩子，並摘要孩子說的重點。許多家長容易太快急著給建議，卻沒先好好聽孩子說。當家長摘要孩子的話時，孩子一方面會覺得被聽見、被理解，另一方面，家長也可以跟孩子核對，父母接收到的意思，是否跟孩子表達的意思一致。

・所以你覺得……

猜測孩子的心情或感覺，猜對猜錯都沒關係，但孩子會感受到，父母是願意靠近、接納自己情緒的，即便事情最終無法解決，孩子仍會覺得這是很大的情緒支持，並從中獲得力量。

•你希望我怎麼幫你呢？

了解孩子告訴父母，是希望獲得父母的協助。有的時候孩子並沒有希望父母做些什麼，只是希望父母傾聽，讓孩子可以抒發情緒就好。但有的時候，孩子可能希望父母可以幫孩子做某些事。

二、詢問孩子：想過要怎麼死嗎？

很多人不敢談論死亡，擔心如果跟孩子談論死亡的方法，就會讓孩子跑去自殺。其實，迴避不談，他們反而無處宣洩，而且沒有人知道孩子到底有多想死、打算怎麼死，反而無從預防。

直接詢問孩子打算怎麼死，是為了評估孩子執行自殺的危險性有多高，以下是我在實務工作中時，常用來評估孩子自殺危險性的方式：

・評估是否出現自殺想法

孩子只是有想過要自殺，但沒想過要用什麼方式死、在哪裡死等等，過去也沒嘗試過任何自殺行為，此階段執行自殺的機率較低。

・評估是否出現自殺計畫

孩子不但想死，而且已經計畫好要怎麼執行、什麼時候執行、用什麼方式執行等等，例如上網研究過，用哪種方式自殺比較不痛苦？打算在家裡或學校？自殺時會不會告訴誰？會寫遺書嗎？打算哪天死？如果孩子對於自殺的計畫愈具體，實施自殺的機率愈高。

・評估是否出現自殺行為

了解孩子是否已經出現自殺行為，例如前一天其實拿小刀割過自己的手，嘗試上吊但沒成功等等。特別要注意的是，青少年因為能力、經歷較不成熟，選擇的自殺行為，或許在大人眼中根本就不會致死，而被大人輕忽，以為孩子並非真的想死。但事實上，孩子很有可能是認真要死的。

如果孩子已經出現傷害自己的行為，例如已經吞藥、割腕、上吊、撞牆等，此時自殺的危險性相當高，父母師長不用經過本人同意，只要孩子是本國人，在法定上，是可以直接叫救護車緊急強制送醫院急診的。

有些孩子當下可能情緒會很激動，不願意去醫院，死意甚堅。但根據我處理好多起因為想自殺緊急送醫的案例，死亡真的只是當下的衝動，大部分在送到醫院之後，有些人打了鎮定劑，好好睡上一覺就沒事了，有些人經過醫院精神科醫生評估，需要住院治療。

住院治療的目的，是為了隔離外界刺激源，並讓醫生長時間觀察孩子，了解什麼治療方式較適合，同時讓孩子穩定服藥。大多做出自殺行為的孩子，可能是生活中遇到某種壓力或刺激，因而想結束生命。但住院治療的過程中，連手機都不能帶進去，家人也只能在特定時間去探視，大大降低孩子繼續受到外界危險因子的刺激。

我曾親眼見過一位死意甚堅的學生，在住院治療出來後，整個人脫胎換骨，狀態好非常多，有一陣子也不再想死。當然，幾個月之後可能又會出現自殺意念或行為，畢竟心結根本沒解開。但至少強制就醫，可以幫學生度過強烈想自殺的當下，暫時保住性命。很多人在自殺衝動的時候，其實是失去理智，沒有意識到自己在做些什麼，住院治療可以讓孩子在安全的環境下，度過情緒風暴。

一般來說，我們在做自殺危機評估的時候，會認為如果孩子目前處於有自殺想法但還沒有具體計畫，那危機程度比較低，但這不是絕對。有些人的自殺屬於溜滑梯型，一直維持在有自殺意念的階段很久，理智上也知道不能自殺、沒打算真的要自殺，但在某一刻因為什麼原因被刺激，突然產生自殺衝動，就像溜滑梯一般，突然從自殺意念直接快速跳到執行自殺行為。

因此，在防止孩子自殺的部分，絕不能因為危機偏低就疏忽。父母平時多與孩子保持聯繫，多傾聽並隨時了解孩子的狀況，減少孩子自殺工具的取得，才能及時協助到孩子。

三、詢問孩子：怎麼做才能幫自己活下來？

這麼問的目的，是幫助孩子找到活下去的資源。大多想自殺的人，同時存在想死跟想活的念頭，他們曾經歷過許多次，在很想死的時候，成功幫自己忍住、幫自己順利繼續活著的經驗，這是孩子本身已經具備的資源。

透過問孩子「怎麼幫自己活下來」，可以系統化幫孩子整理出自己身上已有的資源，讓孩子在下次很想死的時候，知道如何協助自己度過難關。孩子可能會說：「我情緒很不穩的時候，如果可以找朋友出去聊天，就會好一點。」「我心情不好的時候就去睡覺，睡醒就好多了。」知道這些後，未來就可以在孩子情緒不穩的時候，提醒孩子使用可以幫助他好轉的資源，像是「找朋友聊天」或「睡覺」，來協助孩子發展幫自己度過低潮的方法。

另外，這麼問也在協助孩子增加想活下去的念頭。例如，孩子在死跟活之間掙扎，最後選擇了活，可能是因為擔心家人朋友會難過；擔心死後下地獄，沒有結束痛苦，反而一直在痛苦中輪迴等等。當未來孩子又說想死的時候，可以提醒孩子，家人朋友可能會很難過，或是自殺後反而在痛苦中輪迴，詢問孩子這是他要的結果嗎？可以怎麼幫助他真的脫離痛苦呢？是否願意一起腦力激盪想解決辦法？適時表達出協助孩子的意願，讓孩子知道自己不是孤單一人。

很多時候，不是過不去，只是沒力氣、覺得累。當孩子知道自己並不孤單，即便陪伴者無法實質上協助孩子什麼，但這種陪伴、支持、有人理解、自己狀態被他人接納的感覺，就足以讓陷入痛苦深淵的孩子，獲得一點點的力量。這一點力量，足以支撐他們繼續存活。

當孩子長期有自殺意念的時候，許多父母師長到最後會懷疑孩子到底是真的想死，還是拿死做為威脅手段，以達到自己的目的。例如，每次段考，孩子就故意在上課的時候割腕，這到底是真的想死，還是只是拿自殺來逃避考試？

以我的觀點來說，我會認為，孩子無論是真的想死或假裝想死，又或是假裝生病，事實是什麼都不重要，重點是孩子為什麼需要去「假裝」，背後的理由是什麼？當孩子需要去假裝，代表他確實遇到了困難，需要大人協助解決問題。

例如，孩子可能太希望考好試，但讀書技巧出了問題，或對自我要求過高，無法在考試之前讀完書，擔心考差，希望藉由自殘的方式爭取更多讀書的時間，讓自己事後補考。無論是假裝或真的想死，背後都是孩子在傳遞求助訊號：「我不知道該怎麼解決問題，請幫幫我。」

此外，除了照顧孩子，父母師長也很需要自我照顧。長期陪伴一個想自殺的孩子，是非常消耗能量的。尤其當孩子三不五時就說要自殺，但常常沒事發生，家長心也會累，認為是孩子只是說說，不會真的去死，久了，就不再理會孩子的自殺警訊。但我們永遠不知道，哪天孩子會真的做出自殺行為，從此天人永隔。

根據生命線的資料，一個自殺死亡的案例背後，有二十個自殺企圖未遂者，更有一百個具有自殺想法者；曾經試圖自殺但未遂的人當中，有一成會在十年內死於自殺。或許，假警報之所以能成為假警報，是因為孩子的自殺警訊被重視、被處理，所以孩子沒執行自殺行為，是我們的成功，才讓訊息轉變為假警報。

如果做為主要照顧者的父母或老師，心理已經很疲憊、沒有能量照顧孩子，學著適時把重擔分攤出去也很重要。例如，找其他家人、學校、心理師、醫院的協助，或許對孩子跟家長來說，都是獲得喘息的機會。

先照顧好自己，自己狀態好了，才有好的狀態照顧孩子。在助人之前，更要先關注、幫助自己。

孩子得了憂鬱症，該怎麼辦？

Q：老師，醫生說我有憂鬱症，但我媽媽叫我不要吃藥，她說吃藥傷身。

我有許多學生在剛得知自己有憂鬱症的時候，十個人裡有九點九個人，會對吃藥感到疑慮。我都會告訴孩子，吃藥傷身，但不吃藥更傷身。就像如果你得了糖尿病，要不要吃藥？吃藥不會讓你奇蹟般的痊癒，但可以幫你控制病情，就像糖尿病患者不會因為吃藥，就從此沒了糖尿病，只是症狀可以獲得控制。

「可是，吃藥我反而更不舒服。」不少孩子告訴我，剛開始服藥的時候，會覺得噁心、頭暈、嗜睡等，這是因為治療憂鬱症藥物的副作用讓孩子更不舒服，但孩子不知道，這其實是正常的現象。治療憂鬱症的藥物有很多種，每個人適合的藥物類型不一樣，所以剛開始吃藥的時候，通常需要一、兩週就回診一次，讓醫生與孩子面對面了解服藥後的狀況，評估處方是否適合孩子，如果不適合，再進行換藥。

不過，我通常會建議孩子，如果真的覺得很不舒服，不需要等到一、兩週後才回診，可以自己上網預約，提前回診，讓醫生協助你更改藥物。另外，藥物要發揮作用，大約需要四到六週的時間，所以不可能一吃就馬上感到有幫助。

Q：孩子都有乖乖吃藥，吃了一年多了，覺得比較好了，可以自己停藥嗎？或是只挑想吃的藥吃就好了？

許多人以為自己久病成良醫，吃到後來會自己挑藥吃，在此建議，可在回診的時候跟醫生確認，哪些藥可以選擇性吃，哪些一定要按時服用，如果感覺自己不需要服藥了，千萬不要自己停藥，而是主動詢問醫生，在醫生的指示之下慢慢減藥、停藥。

醫學上認為，憂鬱症不只是心理上的疾病，也是大腦的疾病，根據研究，人之所以會憂鬱，有一大部分是因為腦中多巴胺（dopamine）、血清素（serotonin）與正腎上腺素（norepinephrine）的濃度太低，因此，服用憂鬱症的藥物，就是為了增加這些神經傳導物質在突觸間的濃度，當我們自己亂挑藥吃，或不吃藥，會讓這些神經傳導物質的濃度突然不夠、讓病情惡化，導致心情瞬間跌落谷底，要再拉上來反而需要花費更多力氣。

透過醫生指示，一邊減少藥物、一邊讓身體適應，讓自體開始分泌更多神經傳導物質，才能穩定激素的濃度，避免影響病情。另外，許多精神藥物是不能與酒一起使用的，建議在回診時，可以詢問醫生，如果不小心喝酒了，是否還可以繼續服藥？一餐沒吃到藥有沒有關係？需要下一餐多吃點藥補回來嗎？

Q：憂鬱症是心理疾病，想開點就沒事了對吧？

事實上，憂鬱症除了跟多巴胺、血清素與正腎上腺素等神經傳導物質濃度異常有關，根據大腦造影發現，憂鬱症也跟控制負面情感的左側前額葉較不活化、處理負面訊息的杏仁核活性過高等有關，顯示憂鬱症確實是因大腦異常而導致，但目前任何精神疾病與生理之間的關聯，都仍需更多醫學研究，才能進一步揭開大腦的奧祕。

我自己在實務上發現，有些人的憂鬱偏生理性的異常，甚至有些人是家族性遺傳憂鬱症，這部分就比較需要靠藥物治療、電療、重複經顱磁刺激（rTMS）治療；但有些人的憂鬱，是因為有心結卡住，例如沒考上自己想要的大學，對自己很失望、自責，這部分就需要透過心理諮商的協助。目前認為治療憂鬱症最好的做法，是藥物搭配心理治療。

Q：醫生說我現在憂鬱症程度很重，代表我沒救了嗎？

有些人誤會，以為憂鬱程度較嚴重，就像癌症後期的概念一樣，表示自己病重沒救了，其實是錯誤的。憂鬱程度的輕或重，比較像是情緒起伏的概念，當陷入較深層的低潮、沮喪，憂鬱程度增加，但當心情較平穩、甚至較開心的時候，憂鬱程度則比較輕微。

台北榮民總醫院復健精神科主任李正達醫生指出，憂鬱症嚴重的狀態，如果不治療，有一部分的人在九個月到一年多的時間內也有機會自發性改善，若接受治療，大多三個月左右的時間就可恢復。但研究認為，愈長時間不治療，大腦的損傷會增加。要注意的是，較重度的憂鬱症後續有可能復發，而且如果復發次數愈多，復發的頻率會上升，人也可能會退化。因此平常持續的諮商、藥物治療，目的就是為了讓孩子的情緒能夠獲得改善、回復正常。

Q：我看到孩子藥袋上面，竟然寫吃憂鬱症的藥，副作用是增加自殺意念？

前面提過，罹患憂鬱症的其中一個因素，是血清素濃度不足。因此，有一種治療憂鬱症的常見藥物，是利用「選擇性血清素再吸收抑制劑」（SSRI）來抑制血清素的再吸收，讓神經細胞外的血清素濃度上升。

但根據《美國精神疾病診斷與統計手冊》第五版（DSM-5）說明，SSRI服用初期可能與少數的青少年自殺意念增加有關，然而這不是絕對。也因此，在服藥期間可提高警覺，但不需過於恐慌。

Q：醫生說我的孩子憂鬱症，但我看他這麼愛生氣，一點也沒憂鬱的感覺啊？

一般來說，我們在憂鬱的時候，可能產生食欲變差或旺盛、睡不好或嗜睡、覺得疲勞、無精打采、難以專注、沒有希望感等症狀，但青少年的憂鬱症狀，很可能是以「易怒」的方式來展現，時間長達至少一年以上。當孩子較不擅長表達情緒時，會以「煩躁」的方式來顯現，動不動就大吼「很煩耶」，或許家長此時要特別注意，孩子可能有憂鬱傾向了。

Q：我得憂鬱症，難道一輩子都要吃藥嗎？要多久才會好？

我有很多學生在剛得知自己罹患憂鬱症時，最想知道的就是什麼時候才能從這個疾病中康復，他們一開始或許會很努力積極配合治療，但幾個月，甚至一、兩年過後，卻發現自己還是沒有完全復原，認為藥物或心理治療沒用，就會開始停藥，卻讓病情更加惡化。

尤其對於罹患重度憂鬱症的患者來說，是非常痛苦無力的，很多時候連生活都變得不再是自己可以控制。例如無法出門上學，甚至無法洗澡，更別說打掃家裡環境。我的學生告訴我，當他憂鬱症嚴重病發的時候，一天光是做一件事情，例如把垃圾拿去垃圾車丟，就耗盡他一天的力氣了。

也有學生說，他嚴重憂鬱時，因為沒力氣洗澡，身上很臭所以不敢來上課，怕同學發現他沒洗澡。更別說跟朋友約出門玩，但約定當天可能身心狀況不好，出不了門，只好放朋友鴿子。在這種不穩定的情況下，連未來是否能養活自己都成了問題，因為根本無法準時上下班。他們氣憂鬱症，氣自己也氣家人、同學，認為是所有的一切害他得了這個病，毀了一生，恨不得將憂鬱症從生命中移除。

這時候，我通常會同理學生的憤怒、無助與痛苦，但同時也會引導學生，讓他思考這個疾病為什麼會存在？罹病對我們生命的幫助是什麼？例如有些人對自己要求過高，但一直拚命努力下去，很可能會過勞死，如果將憂鬱症擬人化，他或許是想告訴主人，要適度的休息，不要給自己太多壓力。我希望引導學生，從排斥疾病，到學會與疾病共處，找到平衡點，或許無法杜絕，但至少可以學習如何在病症的影響下，好好生活。

「那憂鬱症真的無法治好嗎？」學生通常會不死心的繼續問我。

的確，有些因為生活事件引發的輕微憂鬱症，孩子在心理諮商後，修正了對自我的期待，學會了因應壓力的方式，透過思考的改變，成功修改大腦中的神經連結，擺脫以往自動化的災難性思考模式，或許有機會在半年或一年之後康復，但多數人都得面臨長期憂鬱的準備。

這個長期可能是好幾年，甚至是一輩子。我在實務工作中，發現若愈早接受自己得了憂鬱症的事實，接納憂鬱就是自己生活中的一部分，學習跟憂鬱共處，這類的病人在心理治療上的效果會愈好。若將精力放在「我不要有憂鬱症，我要將憂鬱症從我人生中移除」，這樣不但會感到深層的無力、沮喪與憤怒，且缺乏改變的動力。此時，心理治療很難協助患者在罹病的情況下，重新適應新生活、調整對自己的期待；患者用過往身心健康時的高標準繼續要求自己，卻又無法做到，再次對自己感到失望、攻擊指責自己，如此勢必加重憂鬱，惡性循環。

另外，到底何謂康復？或許所謂的康復，只是症狀沒有嚴重到憂鬱症的診斷標準，但生活中仍不時伴隨憂鬱的情緒，因為思考方式沒改變，大腦神經就不會學習到新經驗，產生新的連結。因此即便康復了，未來也還是有可能復發，甚至復發率高達四成以上。

但即便復發了，也沒關係。過去的憂鬱經驗是很重要的觀察線索，讓我們更了解自己，如果發現自己可能又掉入憂鬱的洞口中，只要及時發現與面對，及時治療，找尋資源，就能有效的幫助自己從輕鬱走到只剩下憂鬱情緒，甚至復原。我們要建立快速復原的神經連結，而不是坐視不管，一味指責攻擊自己或他人，任由症狀加重，加深輕鬱到重鬱的神經連結。

Q：為什麼之前醫生說是憂鬱症，後來又說是躁鬱症？醫生誤診嗎？

精神疾病的診斷需要詳細的問診，了解長時間病程的表現，且精神疾病之間很容易發生「共病」現象，像是焦慮、憂鬱、強迫，這些偏向同一系列的疾病，很容易相互引發。例如有一個學生，先是得了焦慮症，後來多了憂鬱症，再轉為躁鬱症，因此我們可以看到一個病人身上，同時有很多種診斷名稱，但這不代表很嚴重沒救了，反而是很常見的情況。

另外，躁鬱症的診斷，在某些個案不是一下子就能問診出來的，而是需要長時間的觀察或來自親朋好友客觀的資料佐證。憂鬱跟躁鬱的差別在於，只要這個人一生中，有一次躁症發作，就是躁鬱症。例如一個長期憂鬱的人，突然有一陣子變得特別易怒、愛花錢、話多、過分自信、精力旺盛，代表此人躁症發作中，那麼這人就會被診斷為躁鬱症。問題是，有些人可能十年前發作，發作當下自己也不知道是躁症，看醫生的時候又沒說，因此醫生就會診斷為憂鬱症，或許等到六、七十歲時躁症發作，診斷才會轉為躁鬱症。

也有些人的躁症跟鬱症是短期內不斷循環發作的，例如憂鬱了一、兩個月，轉為躁症發作好幾天，再轉為憂鬱。如果你的孩子屬於這種狀況，要特別注意，因為治療憂鬱的藥物，會跟治療躁症的藥物相反。如果在躁症時期，情緒已經很激動了，卻還服用幫助提振精神的憂鬱藥物，不但沒有幫助，反而造成反效果。因此當觀察到孩子情緒狀態轉化很大的時候，主動預約醫生回診是很重要的。

如何早期發現思覺失調？

有個疾病近年因司法案件和電視劇受到關注，但在生活中很容易被忽略，那就是「思覺失調症」，也就是俗稱的「精神分裂症」。

「思覺失調」顧名思義就是思考能力與知覺功能的失調，幻聽、幻覺、妄想是常見的正性精神病症狀。一般來說，思覺失調症多在青春期後段、成年早期發病，全球盛行率約為1％，也就是說每一百人中，就有一人可能得到思覺失調症。

目前在醫學上，針對思覺失調症發病的原因仍沒一個定論，但目前偏向認為是大腦中多巴胺分泌量過高所造成，另外遺傳也占了很大的因素，如果家中有孩子罹患思覺失調症，其他兄弟姊妹罹患思覺失調症的機率是一般人的十倍。

在思覺失調症的治療上，早期的藥物治療是非常重要的，透過藥物控制大腦中多巴胺的分泌，可以治療精神病症狀，也能維持病情穩定不惡化。思覺失調症治癒率大概為30％，許多人雖然終其一生都需要穩定服藥，但仍可以維持正常生活，僅少數人不穩定治療、缺乏社會、家庭、醫療支持，病情持續惡化，因而出現攻擊行為。因此，思覺失調症如能早期發現、早期治療，才能避免腦神經繼續受到損害。以下是思覺失調症的症狀歷程，協助家長能在早期警覺孩子的狀態，及時就醫治療：

一、前驅症狀期（prodromal phase）

典型的思覺失調症可能會在孩子高中、大學開始發病，此時因認知功能下降影響課業、無法專注、記憶力下降，導致較難考取好大學。

除認知功能下降外，他們也可能變得孤僻、情感表達變少、語言能力下降，或是原本很重視打扮的孩子，卻不再打扮，任由自己變得邋遢。我也見過有孩子突然很重視隱私，不但不許父母進入房間，還將房門換鎖，甚至會放筆芯在門縫中，確認是否有人趁他不在偷偷進入房間。

在此階段家人通常很難發現，只會覺得孩子怎麼性情大變、成天疑神疑鬼、緊張兮兮，忽略或許這是發病的前兆。

二、發病期（active phase）

孩子可能開始出現精神錯亂或是有些怪異的行為，並出現幻聽與被害妄想。患有思覺失調症的學生曾告訴我，他覺得路人都在監視他，而且沒有理由的覺得陌生人可以駭進他的電腦偷看對話，走路時也會聽到路人對話的聲音，覺得路人一定是在說自己的壞話，即便根本就不認識路人。一般會鼓勵思覺失調症患者，在出現幻聽時，不要跟幻聽對話。有些嚴重的患者，可能會聽到幻聽告訴他要去攻擊別人或拿刀殺了自己，此時需要立即送醫，避免造成憾事發生。

我過去在大專院校輔導學生時，遇到好幾位大學生出現幻聽、幻覺的症狀，他們還以為是自己有靈異體質，殊不知幻聽妄想是思覺失調症的症狀之一。當時我強烈建議家長帶孩子就醫治療，可惜許多家長與孩子缺乏警覺與病識感，認為去收驚就沒事，堅持不去就醫。藥物是治療思覺失調症很重要的一部分，如果在發病前期就治療，通常很容易控制，更可以避免病情惡化，但無奈家長就是堅持不帶孩子就醫，反而一直跑宮廟。

許多人在應對思覺失調症的患者時，容易與患者爭論，說服患者這些幻聽、幻覺、被害妄想不是事實。其實，與患者對話時，不需要去爭論事實是什麼，在他們發病時期，他們的世界確實就是很恐怖，與其爭論事實是什麼，不如進入患者的世界，幫他們找到在幻聽妄想的情境中，仍可以安撫自己的方法。例如，在外面走路的時候，戴上耳機播放喜歡的音樂，一方面能隔絕路人的聲音，一方面愉快的音樂可以撫平自己的情緒。我想，在思覺失調症患者的世界中，是很寂寞的，因為身旁幾乎沒有人可以理解他們的世界。

三、症狀殘留期（residual phase）

此時幻聽、幻覺、被害妄想症狀減緩甚至消失，但仍保有前驅症狀，例如情感冷漠、封閉自我等等。此時持續治療很重要，若貿然停藥，造成腦內多巴胺失衡，不但會讓病情復發，甚至可能導致惡化。

需要特別強調，要罹患或符合思覺失調症的診斷並不容易，即便是醫生，也不會憑單一症狀就認定確診，因為即使出現幻覺，也可能是因為藥物濫用或其他身體疾病所導致，而非思覺失調症所造成。請大家不要看到家人、同學出現類似症狀，就認為對方患有思覺失調症，因而感到恐懼、甚至汙名化對方。

告訴大家這些症狀的主要目的，是希望大家可以多關懷身旁的家人、同學，早期發現、早期治療。另外，若班上出現其他同學患有思覺失調症，家長也不必太過驚慌，大部分的思覺失調症患者在定期接受醫療資源、家庭與社會支持下，是可以維持正常生活的，更不會突然出現攻擊行為，甚至有一部分的個案在穩定治療下，能與一般人一樣保有工作的潛能。

在台灣，已經有超過六位數的人罹患此病，其中還不包含那些不敢就醫，或誤以為自己中邪、會通靈的人，社會的汙名化只會加重罹患思覺失調症患者不敢就醫，延誤治療讓病情惡化。

為了能真正幫助到孩子，我們需要的是對這個疾病有更多的理解與支持，多認識而非一味驚恐排擠。

＊本篇特別感謝台北榮民總醫院精神部社區復健精神科李正達主任協助校對。

情感教育與性別認同

有個媽媽對女兒的感情世界很擔心，但不知道如何跟孩子談這件事。

媽媽說：「有天女兒放學回家，我幫她拿便當盒出來洗，沒想到竟然在書包裡面看到她的內褲！逼問下她才承認，自己跟男友發生性行為！我女兒才國中耶！我們那個年代，國中生連戀愛都不會去談，更何況發生性行為！懷孕怎麼辦！我們吵了一架，事後我也不知道該怎麼跟她談這件事，只好假裝什麼也沒發生過。」

孩子以前明明很乖、很聽話的，是媽媽的小甜心。上國中後，好像變了一個人，突然和一些成績不好的同學混在一起，放學不回家，補習班也不去上，就跟朋友混在網咖打電動。

媽媽發現，女兒甚至開始抽菸、喝酒，還有一次，騙媽媽說要跟同學一起去學校自習，卻被媽媽抓包她根本沒去學校念書，而是跑去男友家，兩人關在房間一整天，也不知道在做些什麼事情！媽媽罵女兒不檢點，女兒惱羞成怒，然後就離家出走，最後還是報警才找到人。

「那你有跟女兒談過這些事情嗎？就是離家出走、抽菸、喝酒、交男友、發生性行為的這些事情？」我問媽媽。

媽媽說，這些事情在發生之前，都有跟女兒談過了，但談了以後更糟。媽媽擔心的每件事，女兒後來都發生了，媽媽已經不知道該怎麼談了。就算談，女兒也只是打發、敷衍媽媽。現在別說談這些敏感話題，就連普通聊天，都不知道要聊什麼。女兒坐在客廳都只會玩手機，一問她話，就躲回房間。最後媽媽變得什麼也不敢問了，只能偷翻女兒手機看，才知道她有沒有又闖什麼禍。

我告訴媽媽，所謂的「談」，不是告訴女兒禁止她做些什麼，而是真的好好去談論孩子的現況與擔憂。例如對於要不要發生性行為，其實孩子也常有疑慮，可能擔心不發生性行為就會被分手，可能發生的過程讓她很不舒服，也可能男友堅持不戴套等等，這些孩子都不知道可以跟誰討論。

與其跟孩子說不要發生性行為，不如放開自己的心，讓孩子感覺父母可以接受這些事，孩子反而有機會詢問父母，如果自己不想發生性行為，該如何拒絕男友，如果男友說不做愛就是不愛他，威脅要分手，又該怎麼應對？如果真的不小心懷孕了，要生下來還是墮胎？無論孩子發生什麼事情，只有孩子願意主動跟父母求助，父母才有機會及時介入，不讓憾事發生。

不然，即便偷看女兒的手機，知道了一切，也無法詢問，畢竟如果被發現自己偷看，又得吵上一架。暗中關心的媽媽只能在一旁乾著急，也沒機會可以好好跟女兒談這些事。

情感教育這一塊，一直是教育上的缺口。然而，好好愛對人，甚至如何好好分手，是我們生命中很重要的歷程。我們無法控制自己愛上誰，也無法控制喜歡的人同樣喜歡自己，即便在一起，該如何相處也是一項難題。就連大人都會在愛情裡磕得滿頭傷了，更遑論青少年遇到人生中第一次的愛情，會有多徬徨、困惑與不安。

如何跟孩子談性與愛？

青少年因為荷爾蒙的發展，難免對性感到好奇，即便沒人教，孩子也會自己上網從言情小說、A片中學習愛情與性知識，但小說與A片為了劇情所需，總會安排些誇張的情節，孩子卻誤以為這就是真實的愛情樣貌，學習到錯誤的愛情與性知識。例如「女生說不要就是要」，然後產生性騷擾甚至性侵害的問題；又如「死纏爛打對方就會愛上我」，產生過度追求與跟蹤的問題，逼迫對方還得申請保護令；或是誤以為「他說沒有我就活不下去」是堅貞的愛情，殊不知這其實是恐怖情人的前兆。

如果當孩子遇到上述事件，家長才跟孩子談論愛情與性教育，試圖亡羊補牢則為時已晚。當事件發生時，孩子並不想成為事件中的主角被人評價，也害怕會被責罵，心中有所防衛，此時已很難了解孩子真正的想法，孩子也很難開放的與家長談論自己的擔憂與害怕，只會躲避、敷衍，與大人進行一場攻防戰。

我們要在平時，就幫助孩子建立一些正確的愛情與性觀念，而且談論的對象不能是以孩子本身為主角。例如，家長可以跟孩子一起觀看戲劇或電影的時候，討論男女主角的愛情觀，多聽聽孩子對愛情的看法，同時交流自己的經驗，尤其可以跟孩子分享自己年輕時候的愛情故事，孩子通常會很有興趣聽；也可以分享自己從愛情中學到的教訓，像是太年輕就結婚，婚後才發現結婚不只是兩個人的事情，是兩家人的事情，還要考慮跟伴侶家人的相處；或是分享自己第一次戀愛與失戀的經驗等等。孩子會從父母的故事中學習，避免受到父母當年受過的傷。

愛情的教育是順其自然，從日常生活中一點一滴交流而來的。父母平時就要經營親子關係，培養談心聊天的習慣，讓孩子願意跟父母分享心事，尤其當孩子逐漸長大，父母就需要轉變身分，與孩子培養亦師亦友的關係，孩子在遇到愛情難題的時候，自然會找父母聊。例如，當孩子不小心跟恐怖情人交往時，父母就能藉由跟孩子聊天的過程中，了解孩子的感情狀況，在孩子感到徬徨無助的時候適時伸出援手。

一般來說，孩子遇到的大多是小事，父母不用太過緊張焦慮，孩子大多時候其實不需要父母的建議，他們只是想找個能聽懂的人說，所以只要傾聽就好。若父母覺得孩子遇到危險，例如未成年發生性行為或擔心孩子被誘拐，也才有機會及時介入處理。但介入時要謹慎，先聽聽孩子的想法，態度維持開放，千萬不要直接命令孩子跟對方分手、阻擋孩子與對方見面，因為親子間的信任一旦斷裂，父母就很難有施力點，反而會把孩子推向危險情人。

其實，父母不用特地說些什麼，只要學會勒住舌頭，忍住不對孩子說教，在孩子分享生活點滴的時候，多傾聽，多詢問孩子的想法或感受是什麼，對孩子來說，這樣就足以鼓勵他繼續說下去了。

當然，如果已經養成說教的互動模式，父母突然不說教，還問孩子怎麼想、打算怎麼做，孩子當然會有心防，擔心父母只是在套話，如果洩露太多，被知道祕密，父母又要處罰或說教。孩子一開始可能會說「沒怎麼想」或「不知道」，這時候父母可以先自我揭露，分享自己年輕時的荒唐與脆弱，當時的心境或懊悔是什麼，如果重來一次會怎麼做等等，先讓自己坦誠，孩子也會跟著坦誠。

有些父母會擔心，如果讓孩子知道自己年少時也曾荒唐過，孩子會不會就對自己失去了尊重？其實，你正是孩子的典範，讓孩子見證，父母並非完美，也曾荒唐過，但現在不也過得好好的，這會給孩子希望。孩子會知道，即便自己永遠無法達到完美，但不代表他沒價值，孩子也能像父母一樣，未來長大成人，過得好好的。

我一直相信，只要不死，生命總會找到出路。孩子如果想要在年少時，體驗這世界，就讓他去吧！至少這時候父母還可以守護在一旁。總比自己死後，孩子才荒唐，這時候誰也幫不了孩子。

況且，年紀愈大，犯下的錯通常會愈嚴重、愈不可挽回。與其怕孩子玩火，不如讓他稍微碰點火，傷著就會知道怕。一味禁止，等孩子引火焚身，那就救不回了。父母可以想想，哪些事是不希望孩子發生的？在下面列出來，做個排序。並區分哪些事絕對不能發生，哪些事發生還有救。舉個例子：

1 我不希望孩子 發生性行為，但如果真的發生了，我覺得這件事 有救，我會 聽聽她的擔憂。

2 我不希望孩子 是同性戀，但如果真的發生了，我覺得這件事 有救，我會 試著了解同性戀的世界。

3 我不希望孩子殺了別人或自殺，但如果真的發生了，我覺得這件事沒救，我會不知所措，因為生命是不可挽回的。

為人父母，總是希望孩子遠離危險。我想請家長寫下自己的擔憂，好好釐清對自己來說，哪些是絕對不能踩的底線，踩了就連自己也幫不了孩子。

邀請你，一起思考看看：

1 我不希望孩子＿＿＿＿＿＿＿＿，但如果真的發生了，我覺得這件事有救／沒救，我會＿＿＿＿＿＿＿＿。

2 我不希望孩子＿＿＿＿＿＿＿＿，但如果真的發生了，我覺得這件事有救／沒救，我會＿＿＿＿＿＿＿＿。

3 我不希望孩子＿＿＿＿＿＿＿＿，但如果真的發生了，我覺得這件事有救／沒救，我會＿＿＿＿＿＿＿＿。

對於有救的部分，父母態度可以放輕鬆一點，多多用聊天的方式，培養孩子判斷是非對錯的價值觀，以及幫孩子預備，當自己發生父母擔心的事情時，可以怎麼應對，這比一味禁止，可能更能有效幫助到孩子。

至於那些絕對不能踩的底線，也可以提出來跟孩子討論，透過思辨的過程，更了解孩子的想法，也讓孩子清楚知道身為父母的考量是什麼，詢問孩子這些考量是否有道理，確認孩子與父母之間是否有共識。面對愈敏感的議題，父母愈要把孩子當朋友看待，以輕鬆開放、保有彈性的心態大膽提問，並傾聽孩子想法，避免命令、說教與指責，透過父母引導孩子進行思辨的過程，讓孩子有機會預演事件發生時該怎麼做，防患於未然。

如何辨識孩子是否遇到恐怖情人？

當孩子面對人生中第一次的愛情，很難在關係中保有自我界線，總一股腦的付出所有。一般來說，這麼做沒什麼問題，在愛情中犯點錯、受點傷都是正常的歷程。然而，只怕這錯犯得太大、傷得太重，造成不可挽回的局面。

近年來，情殺相關案件時有所聞，根據美國司法部相關調查顯示，年齡介於十六至二十四歲的年輕女性最容易遭受親密關係暴力，而最嚴重的暴力傷害則發生在分手的過程，這個數字還不包含那些沒去報案的黑數。被害者自述會因為害怕受到責難、羞愧或不被他人信任而選擇不去報案，卻讓親密暴力行為更加嚴重，危及生命安全。

雖然新聞上常見的情殺案件大多為男生傷害女生，但實際上根據調查，在異性戀的約會關係中，男女發生暴力行為的頻率是相當的。青少年主要是因為嫉妒或無法控制情緒產生暴力行為，研究指出，男女在親密關係的施暴或受虐角色，都與人際控制的因素有關。

現代婦女基金會在二〇一二年的調查顯示，同志間的親密關係問題同樣值得受到重視。在他們調查的四百九十三位同志朋友中，有35％的人曾遭遇伴侶肢體或精神暴力對待。但弔詭的是，這些遭遇親密暴力的同志，有超過一半的人完全沒向外界尋求協助。探究原因，發現他們不向外求援的原因是「覺得求助也沒用」（73%）、「擔心正式體系不友善」（62%）、「擔心同志身分曝光」（47%）。

綜上所述，親密關係的暴力行為，不只涵蓋肢體暴力、言語暴力，甚至性暴力，也包含高壓控制伴侶行蹤、對伴侶精神虐待等等。另外，親密關係暴力的情況，不只女性可能成為被害者，事實上，男性受害的比例跟女性是差不多的，除了異性戀之外，同性戀間的親密暴力問題也需要被重視。

在台灣近年發生的幾起情殺事件中，可看出許多加害者的學歷、家庭、背景、工作其實都不差，甚至優於平均，這跟過往認為，加害者較容易來自高風險家庭的傳統思維完全不符。那麼，我們的教育到底出了什麼問題，讓這些優秀人才為情所困，得不到就要毀了對方？

或許這跟整體社會環境變遷、少子化以及網路世代有關。現代家庭大多為雙薪家庭、工作壓力大、薪水低，父母承受巨大的壓力，家庭情緒像蓄勢待發的火山，隨時會爆炸，父母乃至於孩子可能都面臨焦慮憂鬱的問題。另一方面，在高壓中很難有足夠的耐心跟伴侶、孩子好好溝通，孩子因而學習到不良的溝通模式。

同時，受到少子化的影響，父母會盡量滿足孩子的需求，孩子從小學到的是「只要哭鬧，就可以得到我要的」，無法接受被拒絕、挫折忍受度低，加上「網路世代」用訊息溝通的特性，造成社交技巧退化、缺乏溝通能力，對於負面情緒的處理反而不知所措，藉由控制對方、讓對方順從自己，自己就不會感到憤怒。

許多恐怖情人的特徵是平時對伴侶極好，但一發生爭吵就會情緒失控暴怒、限制人身、羞辱，當對方忍不住提出分手，又會當眾下跪認錯大哭，請求被害者的原諒；平時愛得有多甜蜜，爭吵時傷害就有多大，情緒起伏強烈，不斷惡性循環，終有一天造成憾事發生。

恐怖情人其實大多是有前兆可循的，可以在平時與孩子聊天的過程中，了解孩子的交往對象，是否具有以下恐怖情人特徵：

- **時而重視，時而羞辱**

尤其會在追求時期，做出一些很浮誇、如偶像劇般的瘋狂追求行為。但如果遭到拒絕就會暴怒，說出羞辱的話語，或逼迫別人答應交往，否則就活不下去。青少年有時會誤認這代表對方真的很愛自己，因而答應交往。

交往後會發現，對方平時雖然對自己呵護至極，充滿關愛，但只要想法不一樣，對方就會用辱罵、精神虐待，甚至性虐待的方式，逼迫自己順從。

- **對方有至少兩項自我傷害之衝動行為**

例如花錢很兇、亂搞性關係、嗑藥、酗酒、開車不要命等等。代表對方在情緒風暴中無法控制衝動，且會做出危及生命的行動以因應壓力。

- **以傷害自己的方式威脅伴侶**

例如說「要分手就死給你看」，遇到爭吵就在伴侶面前割腕自殘。

・挫折忍受力低弱、情緒失控

遭遇拒絕或不順就會瞬間暴怒，無法排解情緒。

・控制欲強

例如要求伴侶交出社群軟體的帳號密碼，或要求伴侶不准跟朋友往來，甚至軟禁伴侶。

・妄想

動不動就懷疑伴侶有其他曖昧對象，覺得被劈腿或背叛。

・曾相信對方真的會殺了自己

這是辨識對方是否為恐怖情人最重要的指標。會如此認定，代表對方在過去已經做出某些危及生命的行為；或曾說過：「要分手就一起死。」代表對方有同歸於盡的想法。

許多案件顯示，當受害者認為對方可能會殺了自己時，往往過沒幾天，命案就發生了，因此特別需要重視此警訊。

當父母藉由跟孩子聊天的過程當中，發現孩子的交往對象很可能是恐怖情人，此時要特別小心，千萬不要叫孩子馬上分手。原因有二：一來，根據《羅密歐與茱麗葉》的故事，愈要小情侶分開，他們愈分不開；二來，突然的分手可能會激怒恐怖情人，恐懼失去的絕望將誘發對方採取傷人的行為。

與恐怖情人分手的時候，最好的方法就是慢慢疏遠，甚至可以故意把自己打扮得很邋遢，讓對方主動甩了自己是最好的方式。恐怖情人可以接受自己甩了伴侶，卻不能接受自己被伴侶甩，對他們來說，那是一種被遺棄、拒絕、利用的感覺。此外，千萬不要跟恐怖情人提分手的時候還羞辱對方，或是故意在恐怖情人面前跟其他人高調曖昧，這都會激怒恐怖情人。

談分手的時間點也很重要，千萬不要在夜晚談分手。一來，人在夜晚的時候，因為負責認知思考、控制衝動、調節情緒的大腦前額葉，已經運作了一整天，到晚上運作功能勢必下降，會開始用原始的情緒來反應。因此，在深夜談分手，對方較容易失去理智；二來，大白天人比較多，如果發生情殺案件，比較會被別人看到，但在深夜偷偷被殺了可能都沒人發現，想跟朋友求救大家也都睡了。

談分手的地點也要注意。千萬不要在家中談分手，要在公眾場合，因為當周遭有人的時候，如果情緒失控發生爭吵、摔東西，勢必引發旁人圍觀，因此在公眾場合我們會比較有意識的刻意維持理智。即便恐怖情人真的理智斷線，做出傷害的行為，周遭的人也才有機會協助制止，所以最好的談分手地點，就是在警局附近的咖啡廳，警察要趕來救人也比較快。

最後，請家長注意，千萬別在孩子跟恐怖情人談分手的時候火上加油，恐怖情人可能會覺得都是大人在拆散他們，因而做出傷害伴侶父母的事情。應對恐怖情人的關鍵在於「哄」，恐怖情人不太能控制自己的情緒，需要靠外在他人的「哄」幫他緩和情緒、恢復理智，順應他的話、同理他的情緒，鼓勵讓他用說出來的方式發洩，幫助他恢復斷裂的理智線，才能避免自己跟孩子遭遇傷害。

當然，如果事態太過嚴重，父母或孩子相信恐怖情人可能會殺了自己，這時候就需要法律與警政的介入，以保障人身安全。在此強烈建議，當家長發現孩子跟恐怖情人交往時，務必要聯繫學校的輔導室，請專業心理師介入協助處理，同時校園也會聯繫其他相關資源協力，一起保障孩子的安全。

如何陪伴孩子走過失戀之痛？

對於中年人來說，失戀是艱難生活中很小的一部分，但對青少年來說，失戀是他們生活中最震盪的事。許多青少年將戀愛對象視為脫離家人之後，最親密的連結，當失去所愛之人，就猶如整個世界崩塌了，戀人不再與自己見面、聯繫，某種程度上，失戀的青少年就如同經歷了愛人的死亡，他們對於自己強烈的負面情緒感到不知所措，失戀或許是他們生命中第一次經歷的失落經驗，他們不知道悲傷、痛苦、低潮、憤怒、懊悔的情緒會持續多久，也搞不清楚這些複雜的負面情緒是怎麼回事，不知道這樣的痛苦有沒有終點，未知讓他們陷入更深的恐懼，擔心自己會一輩子都如此情緒失常。

「我早就在心裡放棄跟家人的連結了，把自己封閉起來，不讓任何人進入。我有朋友，但他們只是外人，並不了解真正的我。直到有一天，甄珍闖進了我的心門，她是這世界上我唯一信任的人。有了她我好快樂，以前失眠、憂鬱、厭食的情況都變得好多了。她是我第一個女朋友，我以後要娶她，跟她過一輩子。」高三的毅祥在暑假前，興奮的跑來跟我分享他戀愛的好消息。

沒想到，過了一個暑假後，一切都風雲變色。毅祥不但被甩了，而且不久後甄珍竟然跟班上另一位男同學交往，毅祥開始不來學校上課，對他來說，每天看自己心愛的寶貝跟其他男人在一起，是如同地獄般的折磨，可是高三的毅祥如果再不來學校上課、沉浸在失戀的苦痛中無法專心準備考試，恐會影響學測成績。更糟的是，毅祥又開始陷入失眠，過往的身心問題都回來了，而且變得更嚴重，甚至好幾天沒吃東西，因為他說連喝水都會想吐。

我在學生第一次經歷失戀的時候，都會告訴學生「哀傷五階段」（Five Stages of Grief）的理論，讓學生稍微可以知道，自己接下來會經歷怎樣的情緒起伏，幫他們預測自己未來的狀態，在心理上比較能定向，減少茫然、驚慌失措的感覺。

「哀傷五階段」是由生死學大師庫柏爾羅斯（Elisabeth Kübler-Ross）於一九六九年出版的《論死亡與臨終》（*On Death and Dying*）一書中首度提出，將人在面對哀傷與災難過程時，會產生的情緒現象分成五個階段。該理論被廣泛運用於心理諮商中，協助案主經歷所愛之人的離世，後來也經常被拿來解釋人在分手的歷程中情緒波動的變化。這五個階段分別為：

- **否認（Denial & Isolation）**

否認分手的事實，內在不願意接受，一心想著扭轉分手的事實，讓對方回心轉意。此時的內心話為：「他應該只是說說氣話吧？」「我要努力挽回她！」「我們會復合的。」

・憤怒（Anger）

「這不公平！」「怎麼可以這麼無情，說分就分！」「一定有別人勾引他！」「是他配不上我！」「他在利用我！」此時，情緒由愛轉為恨，對於被甩的一方來說，是毫無心理準備的突然面對所愛之人離開，有種被遺棄的感覺，一口氣想對外發洩，看著對方鐵了心的要分手，出於心理防衛機制，人們會用憤怒武裝自己。然而憤怒是很常見的表層情緒，情緒是很複雜的，憤怒的背後，包裹著悲傷和害怕的情緒，憤怒有時甚至可以麻痺痛苦。

・討價還價（Bargaining）

「如果當初吵架的時候不要說出那些話，他是不是就不會離開我了？」「我要努力讓自己變成他想要的樣子，那他就會回來！」這階段介於接受與不接受現實之間，還沒放棄最後一線希望，開始從檢討對方變成檢討自我，心想既然無法控制對方，那如果控制、改變自己，感情會不會還有轉機？

・憂鬱沮喪（Depression）

這階段開始認清自己能力有限，無法讓愛人回頭，失去最後一線希望，徹底感到絕望、痛苦，展現脆弱，開始從自我審視，轉為自我指責與攻擊。例如：「我是個爛人。」「沒了他，我還活著幹嘛？」「都怪我不好，沒能留住她。」對生活提不起勁，情緒來到低谷，需要家人朋友多一點的陪伴，支持自己度過低潮。

- **接受（Acceptance）**

意識到分手不是誰的錯，只是雙方不適合。帶著祝福對方的心，接受對方已經離開的事實，做好生命中不再有對方相伴的心理準備，重新開始適應自己一個人的生活，焦點開始移回自己身上，幫助自己從悲痛中復原。例如開始認識其他新朋友、參加聚會活動、發展自己的興趣等等。

許多學生會問我，失戀到底要多久才會治癒？我會給孩子一個大約的數字，讓他們有心理準備，例如有些人三個月內就走出傷痛，有些人需要半年到一年的時間，有些人需要好幾年。提醒孩子，走出失戀，每個人需要的時間不一樣，這沒有標準的答案，每個人在「哀傷五階段」中停留的時間長短不同，但無論停留多久，都是被允許的、都是正常的。

另外，「哀傷五階段」只是大多數人面對失落時會有的情緒歷程，但不代表每個人都會經歷這五個階段，有的人可能只會在過程中經歷其中兩、三個階段，例如可能有人被分手後，直接走到沮喪階段，也可能有人會先麻痺、憤怒，直到好幾個月後，甚至好幾年後才出現悲傷的情緒。

「哀傷五階段」也不一定會按照順序經歷，有些人可能在憂鬱大哭過後，從自我怪罪轉為怪罪他人，對提出分手的人感到憤怒，期待討價還價能復合，最後才接受分手的事實。沒有人說悲傷就一定該是什麼樣才正常，而是允許每個人，用自己獨特的方式，走出失戀的過程。

如果家長想幫助孩子走出失戀，以下是可以陪伴孩子一起做的事情：

一、幫孩子維持正常生活，找回掌控感

同理孩子失戀真的很痛，但還是要努力維持正常生活，吃飯、睡覺、上課，這麼做可以幫助孩子從失序、混亂的世界中，找回一點掌控感。畢竟，孩子無法掌控一個離開的人回到自己身邊，甚至連自己的情緒都無法掌控，這會帶給孩子失序的混亂感。孩子至少可以從掌控自我的日常生活做起，至少讓他覺得，不是生活中的一切都隨著分手而失控、陷入混亂。

二、轉移孩子的注意力

幫孩子轉移注意力，盡量讓孩子覺得忙碌。例如，鼓勵孩子報名一些他很久以前就想學的課程，多參加活動或做些有成就感的事情，暫時脫離悲傷與執著，讓孩子嘗試將重心放回自己身上，多去體驗不同的事物，獲得新的經驗。

三、鼓勵孩子多找家人朋友聊聊

幫助孩子發展與他人的連結。例如跟好朋友哭訴、找同學一起去唱歌或吃飯、跟信任的家人聊天等，這會讓孩子知道，雖然失去了一段很重要的關係，但在其他人眼裡，他仍是有人關心的、是受重視的、是有價值的寶貝。

失戀沒有特效藥，只有「時間」是唯一的解藥。過了段時間再回頭看，孩子對分手也會感到釋懷，或許不是誰的錯，只是時機不對。有的時候，強求也無法獲得什麼，學會放下也是一種成長，家長可以適度調解孩子不甘願放手的心情，也避免孩子成為恐怖情人。告訴孩子，分手雖然痛苦，卻也是一個更認識自己的機會，重新思索自己適合什麼樣的人，想要什麼樣的愛情或什麼樣的人生？

如果孩子很痛，那就允許他痛吧！這是一個必然的狀態跟歷程。可是也提醒孩子，這樣的痛苦不會是永恆，總有一天會好的。同時，也要給孩子一點時間和耐心，鼓勵孩子溫柔對待自己、陪伴自己經歷痛苦的過程。孩子會體驗到，雖然失去了一段愛情，但終究會慢慢找回自己，在慢慢覺醒的過程中迎向未來。

我的孩子是同性戀，該怎麼辦？

二十歲的睿新是廖家的獨子，跟爸爸因為親子關係緊繃，一同來找我諮商。原來，睿新從國中開始，就會在家中男扮女裝，大學時期更直接穿著女裝出門，還留著一頭長髮。對於在傳統家庭長大的廖爸爸來說，看著自家唯一的兒子總是男扮女裝，心中感慨萬千。

廖爸爸總是將兒子變成這樣的責任，怪罪到廖媽媽身上，認為是媽媽沒教好兒子，才會害兒子變成這樣。夫妻時常為了兒子男兒身女兒心的問題爭吵，睿新一方面感到自責，一方面也生爸爸的氣，認為自己男扮女裝根本不關媽媽的事，反而是埋首於工作中的爸爸憑什麼管教自己！

睿新說，他從國中開始，就發現自己喜歡的是男生，而且內在覺得自己應該是女生，一直想變性當女生。睿新心裡很清楚，等存夠了錢，他會做變性手術。但爸爸很擔心睿新做了手術會後悔，說不定以後想變回男生怎麼辦？另一方面也擔心家族的親戚，會怎麼看待睿新的變性。

廖爸爸此番來找我，一來是想改善親子關係；二來是想詢問孩子的性別傾向是先天還是後天造成的，有沒有改變的可能？

我告訴廖爸爸，同性戀是先天還是後天的問題，已經是數百年來爭論不休的研究題目了，但直到今天仍沒有定論。秉持「同性戀是天生的」論點，大多是從生物學、遺傳學為基礎進行研究。例如在一九五〇年代，有個以雙胞胎所進行的遺傳研究，發現同卵雙胞胎中若有一人為同性戀，則另一人必也是同性戀者，但這理論對主張後天形成者而言，他們認為除非同卵雙胞胎從小就分開養育，否則難以證明同性戀是遺傳的。

其實，性傾向的生物學基礎並沒有證明什麼。因為人類是生物，我們的許多特徵與行為終究有生物性，直到今天，學術界尚未發現所謂的「同性戀基因」。

然而，認為同性戀是後天的觀點更缺乏論證。最早佛洛伊德認為，同性戀是因為女生羨慕男生有陽具，而男同性戀者是因為過度依賴母親，怕與母親的關係會與父親產生衝突，於是將性慾轉移到其他男性身上，這看法在目前看來已經被認為是相當荒謬的。現代則有一說，認為同性戀的產生，是因為本來是異性戀，但在跟異性交往過程中受到傷害，所以轉為喜歡同性，但這理論的問題在於，有許多同性戀者表示自己從國小就喜歡同性，在當時他們並沒有跟異性產生任何不愉快，更遑論情傷。

事實上，許多科學家都同意性傾向是先天與後天所共同形成的。性傾向雖然很有可能有生物基礎，但決定性傾向的，包含了很複雜的生物與環境互動機制，後天上心理的、社會的各種過程。現代認為，性向不是非黑即白，而是像光譜的概念，從一到十，一是絕對異性戀，十是絕對同性戀，大多數人都屬於中間。

人在一生中，性取向也是流動的。一份二〇〇五年的調查就指出，有65％的女同性戀者和39％的男同性戀者曾經自認為是異性戀。此外，有33％的異性戀女性和13％的異性戀男性表示自己曾有過同性間的性行為。

一般來說，國小後期至國中，是一個性別探索的時期。孩子開始會探索自己喜歡的是同性還是異性，這件事情跟小時候讓孩子玩洋娃娃或是機器人、穿藍色還是粉紅色的衣服完全無關，有些孩子會發現自己是同性戀，有些孩子發現自己是雙性戀，男女生都可以喜歡，對他們來說，愛無關乎性別。當然，也有些孩子會在探索後確認自己是完全的異性戀。

青春期的性傾向，可能會經歷一段探索時期。例如，女孩子因為跟閨密相當要好，大家都說她們好到根本是戀人，自己也會因為閨密跟其他人要好而吃醋，以為自己是同性戀，但探索過後才發現，自己其實是異性戀，無法跟同性發生性行為，吃醋純粹屬於友誼上的，跟愛情無關。

在網路世代，性別傾向的探索或許會因為青少年的「緩慢成長策略」延遲到成年之後。例如有些人在國、高中階段專心於讀書，沒機會探索性別傾向，甚至到了大學，也因為缺乏社交技巧，害怕面對面的互動，而一直沒有機會進入愛情中，也沒有太深入的友誼。

無論如何，我們終究會慢慢了解自己的性傾向為何。值得注意的是，這些關於同性戀是先天還是後天的論點，存在一個最大的錯誤假設前提：同性戀是不正常的，所以我們要找出問題，異性戀才是正常的。

事實上，現代科學研究顯示，無論是男同性戀、女同性戀、雙性戀，和精神病理不存在任何內在聯繫。美國精神醫學會與美國心理學會，分別於一九七三與一九七五年將同性戀自疾病之列除名；現代則認為，同性戀不是一種精神疾病或心理障礙，其實同性戀和異性戀是一樣的存在，所以按照自然社會定理，同性戀是一種普通的性傾向，就像在動物界中，許多動物也會與同性發生性行為一樣。

「那為什麼以前不太會聽到有人是同性戀？」「同性戀真的是一種普通的性傾向嗎？」台灣中央研究院社會學研究所曾針對同性戀實施《台灣青少年成長歷程研究》調查，結果顯示，自我認同為同性戀的人口比例約有5%。也就是說，每二十人之中，就會有一個人自我認同為同性戀。

長期研究性愛的心理學博士曾寶瑩認為，這數字意味著，每個家族裡可能就有一個同性戀，以及學校裡每個班級中大約有一到兩個同性戀。在上個世代或許是整體社會風俗，加上對於同性戀的排斥，讓許多人不敢出櫃。反之，現代許多網路世代青少年認為，性別是可以流動的，不需要為了世俗的價值觀壓抑自己，且同儕大多不在意自己的性別傾向，因此現今同性戀願意出櫃的比率增加。

阿凱就是一個例子。六十三歲的阿凱告訴我，他在適婚年齡的時候，不斷被逼婚，不得已向父母出櫃，告訴父母自己是同性戀，但爸媽無法接受，最後阿凱雖然娶妻生子，看似過著所謂「正常」的生活，但他心中真正喜歡的還是同性。只是在那個年代，普遍對於同性戀感到恐慌，父母也無法接受這樣的孩子。阿凱知道，自己的性向是一輩子需要埋藏的祕密，直到爸媽死了，阿凱才能真正不受拘束的做自己。阿凱很遺憾的說，自己因為性傾向，與爸媽一輩子有隔閡，無法真正親近，更害得太太賠了一輩子的青春年華。

故事回到廖爸爸與睿新。廖爸爸說，其實他心裡也知道，睿新就是同性戀，要他改變是不可能的。廖爸爸心理已經妥協了，他可以接受睿新關起門來，在家裡面男扮女裝，可是他希望睿新出去像個男孩子，避免左鄰右舍、朋友或家族的親戚問起。因為家族很傳統，睿新的打扮會招來親戚異樣的眼光，也會讓廖爸爸很沒面子，不知道如何向長輩交代，廖家獨子可能無法傳宗接代。

有次，廖爸爸再也忍不住，一把抓起睿新的長髮，拿剪刀「喀嚓」一聲全部剪短。隨著這一刀，睿新這些年來努力與爸爸維持的心理連結也跟著斷裂了，對睿新來說，這象徵爸爸永遠也不會接受真實的他。睿新覺得心碎，非常痛苦不能做真實的自己。

從此，睿新很少回家。即便回家，跟爸爸也無話可說。睿新心裡面知道爸爸承受的家族壓力，也能明白爸爸為何有這樣的反應，但也清楚他無法改變自己想成為女生、喜歡男生的事實，父子都活在痛苦中，想靠近彼此卻靠近不了。

除了跟爸爸的關係之外，睿新說他過得很順利，同學也都能接受他，甚至去打工，職場同事也不會覺得怎麼樣，自己現在也有一個男朋友，未來會想跟男友結婚，只是同性之間的戀情維持，面臨的艱難會比異性戀更多。

在聽了睿新的故事之後，我訪問了同樣是同性戀的小樂，問她向爸媽出櫃的歷程。小樂說，身為女生的她，從國中就知道自己喜歡女生，對男生完全沒興趣。但她一開始也不敢告訴爸媽，直到大學交了女友，爸媽還一直問她怎麼都不交男友，小樂才忍不住告訴爸媽她是同性戀的事情，並把女友帶回家給媽媽看。

一開始媽媽當然也無法接受，但後來媽媽說，如果連父母都不能接受自己的孩子，覺得自己的孩子是怪人，旁人看著父母對孩子的態度，也會肆無忌憚的說孩子是怪人、責罵羞辱孩子。對媽媽來說，雖然她不能理解什麼是同性戀，也是第一次接觸，但她覺得小樂過得開心最重要。小樂在跟女友愛情長跑十年之後，小樂媽媽不但接受小樂是同性戀的事實，甚至正在幫小樂準備婚禮，讓她跟女友登記結婚呢！

我認為「同性戀到底是先天或後天」這件事並不重要，會想找出問題，只是因為處於「哀傷五階段」中前面的歷程，否認孩子喜歡同性的事實，並希望可以找出問題改變孩子性向，但無論怎麼努力，也無法改變孩子喜歡同性這個事實。與其不斷否定孩子，造成親子之間的隔閡，不如接受孩子的性傾向，我能理解這對父母來說是一件很不容易的事情，但也看過太多因為孩子性傾向的問題，親子之間斷絕聯絡的案例。

或許，父母與孩子都需要彼此一起攜手度過這個挑戰，讓愛戰勝流言蜚語，重新挑戰並解構舊有的性別價值觀，嘗試放下成見，釐清對同性戀的迷思，接觸並認識同性戀，給自己與孩子一個機會，重新建構出一個彼此能同理對方的性別價值觀。

自我探索與生涯規劃

一位媽媽很無奈的告訴我，她就讀高中的孩子，明明非常聰明，智商還高於平均，卻不愛讀書，沉迷於電玩，成績總是在班上倒數五名內。這位母親很擔心孩子未來考不上好大學，只好成天跟在孩子後面，吼著孩子去念書，但孩子乾脆鎖在房間內打電動，甚至拒絕上學，親子關係變得非常緊繃。

其實，孩子會出現這樣的狀況，是因為缺乏努力的目標。他不愁吃穿，不必找份好工作有好薪水養活一家大小。他也知道自己天資聰穎，只要努力，花時間讀書，絕對可以考到最頂尖的大學，但他不知道自己為什麼要努力、要去挑戰。這麼累是為了什麼？難道為了讓爸媽可以向親朋好友炫耀自己的孩子嗎？

當一個孩子不知道自己的目標在哪裡，就會缺乏內在動力，即便有能力，也不願意費力向前踏出一步。這時候孩子需要獲得的協助，是父母師長引導他找到自己未來想讀的科系、找到自己嚮往的生活，以實現馬斯洛需求層次論中「自我實現」的高層次內在需求。

但對於孩子未來生涯規劃的藍圖，父母或許需要花點時間了解。畢竟，我們都憑著自己「過去」求學、工作的經驗，給孩子「未來」的職涯建議。但過去和未來最大的差別是，現在的生涯多了很多彈性與未知，對一個專業忠貞不二不再符合未來的職涯趨勢。《紐約時報》研究指出，在未來人們大約每五年就會轉換一次工作，且平均需工作六十到八十年才能退休。

我曾聽聞一位大學新鮮人，靠著代購精品月入二百多萬，她讀大學只是為了好玩和興趣，而不是為了找到好工作或賺錢；另外還有一位國中生，成績不好，在網路上卻小有名氣，他上網自學如何剪輯影片，開設了自己的

YouTube 頻道，獲得上萬流量。

二〇二〇年，Podcast 在台灣突然流行了起來。四個清大學生一畢業就自行創業，成立了 Podcast 平台 Firstory，引發熱烈迴響，還獲得 KKBOX 投資。他們沒有工作經驗，不用賣肝拚考績還無法晉升，他們自己就是創辦人，成立了一間前景很被看好的公司。

前面三個案例有一個共同點：他們都在青少年時期就獲得巨大的成功。也就是說，現在這年代賺錢的方法，已經不見得要靠學歷或經歷了。

但是，這三個職業都難以維持一輩子。或許十年後就沒人看 YouTube，雖然現在流量大的 YouTuber 可以在短時間內賺進大把鈔票，但十年後要轉型做什麼工作卻值得深思。在未來，將會有愈來愈多新興的行業崛起，是我們現在這當下無法想像得到的職業，也有愈來愈多產業會被淘汰，或是被機器人取代。

誰也不知道現在熱門的科系，讀到畢業之後出路是否仍舊美好。過去，只要對一份專業、一份工作堅守一輩子，就有向上晉升的機會，獲得一定社會地位與成就。但很可惜，現實已非如此，只有自己不斷升級，才跟得上產業快速變動的趨勢。

以我自己為例，我碩士班念輔導諮商的時候，當時心理師的工作並不難找，大多數人一畢業就進入大專院校當專任心理師，薪水不錯又很穩定。我以為自己也會按照這個路徑發展，校園心理師當一陣子之後，轉往社區諮商工作。

沒想到，人算不如天算。在我碩士畢業、考到諮商心理師證照的那年，大專院校因為少子化的影響，職缺愈來愈少，且薪水被砍得愈來愈多。我身旁有許多心理師朋友都面臨同樣的困境：在台北要找到一份校園專任心理師的工作，僧多粥少。心理師人數增加得太快，市場職缺卻沒這麼多，許多人面臨找不到工作的窘境。

我看到了未來心理市場過度飽和的危機，知道遵循舊有的路，是無法像前人一樣順利發展的。於是，我除了接案諮商之外，還成為一名講師、作家，我學習如何製作簡報與演講技巧，甚至開始學習商業思維。我成立了個人公司，為自己打造個人品牌形象。事實上，在我畢業後開始找工作之前，這輩子從沒想過要當講師或是當作家。在我之後，許多新進心理師也加入斜槓青年的行列，開始擴大心理師市場，建立個人品牌。

「計畫趕不上變化」是我這些年在職涯最大的感觸，因為這年代需要彈性的隨機應變。不只是心理業，許多行業皆是如此。我曾開設一場名為「多角化經營」的演講，現場最年輕的聽眾只有十八歲。他就讀法律系，已經知道未來不是畢業、考上律師就有工作。更讓我訝異的是，許多大學生私訊我，希望能聽到我如何多角化經營自己，因為，這是他們認為未來很需要具備的能力。

對年輕人來說，舊有工作市場過度飽和，讓人看不到希望。網路世代青少年大多在衣食無虞的環境下長大，他們要的也不只是一份溫飽的工作，他們希望的是實現自我。於是，愈來愈多人走向多元化的工作。

知名暢銷作家歐陽立中，他大學跟碩士念的都是國文系。國文系在一般大眾眼中，是相對冷門的科系，也就是出路比較受限。但認識歐陽老師之後，我看到這世代的職涯真的不同於以往，可以有很多選擇。歐陽老師除了在高中擔任國文老師之外，同時還教授「爆文寫作課」，教大家如何用寫作說出一個好故事，將自己的專長，與現在市場對文案、行銷，以及打造個人品牌的需求結合，開設的課程往往一推出就秒殺。

我的好友「偶爾運動營養師小紅」，大學讀的是營養系，研究所時卻完全轉換領域，改念體育系。畢業後成為自由工作者，將營養與運動的專長結合，在這個健身正夯的年代，一位體育系碩士畢業的營養師，告訴健身人士該如何吃得正確又長肌肉，說服力大增。他因為趕上目前的流行趨勢，演講邀約接到手軟。除了教人如何飲食以及如何運動之外，小紅在大學時曾參加過紫微斗數的社團，目前也是一位開班教授紫微斗數的老師，常常有名人私下包班請他家教。因此，他的年薪可不亞於在科技業上班的工程師。

張忘形於大學時期就讀社工系，畢業後做了幾年社工，轉換跑道創立「忘形流簡報思考術」，教大家如何用「一張圖配一段文字」的方式說出一個好故事，在臉書擁有十八萬粉絲。

何則文畢業於歷史系，曾在科技公司擔任人資主管，工作之餘還寫書、演講，才三十歲的他，已經出版過五本書籍，同時在知名網路平台擔任專欄作家。

這些，都只是我身邊信手捻來幾位朋友的故事。現在，我遇到一個人，常常無法從他的職業正確猜測出他的畢業科系。時代潮流逼著我們做出改變，而現在只有一項專長，已經難以讓自己具有足夠競爭力。「終身學習」不再是口號，而是事實。我身旁許多朋友畢業後仍持續進修、上課學習。假日誰都想放假休息，但唯有讓自己不斷成長、學習新技能，才跟得上世界潮流快速變動的腳步。

不必為孩子的未來設限

在這樣的背景脈絡下，現在的大學鼓勵學生跨領域的結合，開放跨校修課、雙主修、輔系、學分學程，甚至逐漸出現大一不分系的趨勢，讓學生在多修課、多探索後，再選擇要往哪個領域發展。台大教務長在一次受訪報導中提到，台大目前正規劃跨領域學程，讓不同學院一起組成不分系學士班；未來，甚至會成立「空白學程」，也就是全校大學生都不分系，讓學生有更多資源自我探索，培育未來所需的跨領域人才。

未來的選擇看起來很多，而且現在父母大多也不再強制干預孩子要選擇什麼科系。孩子變得很自由，同時也很焦慮。因為沒有一個科系可以保證自己未來的出路，許多陷入生涯迷惘的學生，正是由於對很多領域都有興趣，反而不知道該如何選擇，感到徬徨不安，深怕自己做出錯誤的決定，影響往後的一生。

其實，這年代也沒有什麼決定是正確的了。例如以往相當熱門的台大電機系碩士班考試，候補基本上是沒有機會備取成功的。但近年來備取很後面的同學仍有錄取的機會，顯示電機系逐漸不再熱門。

因此，如果學生對未來毫無頭緒，我比較不建議學生依照熱門科系做選擇。我會建議學生「以終為始」，從未來的工作內容，反推想讀的領域。例如，上網了解各科系畢業後的薪資待遇、可以從事哪些工作、需要怎樣的學歷、工作內容是自己可以接受的嗎？有時候讀得來，不見得代表自己可以接受相關職缺的工作環境。

志豪就是一個真實例子。他是一位個性外向、喜歡與人互動的電機系學生，畢業後每天對著電腦寫程式，讓他過得很痛苦，認為這不是他可以度過下半輩子的工作型態。雖然浪費了六年的時間讀到碩士畢業，但他毅然決然辭去工程師的工作，轉往房仲發展，沒想到現在收入比他電機系的同學還高上許多。

一個人要找到自己喜歡什麼並不容易，但找到自己討厭什麼比較容易。尤其對高中生而言，對未來或許很迷惘，也沒有明確目標，此時就可以先上人力銀行了解各領域未來的工作內容，慢慢開始思考自己是否嚮往。如果很排斥科系未來的工作型態，或許這就不是自己的興趣所在。

此外，我也會建議高中生到大學各系所的網頁，看看開課大綱，從大綱上面可以看出未來修課的輪廓。如果不喜歡這份大綱，又可以刪除一些科系。

剩下的科系，從中挑選比較想學習的，然後去報名參加大學相關科系舉辦的營隊，或是選修相似的課程，甚至可以去目標大學的系所要求旁聽，只要是願意學習的學生，大多數教授是不會拒絕的。上網詢問目標科系的學長姐也是一個很好的方法，再不行，至少可以去買科系必看的教科書翻翻，就可以大略知道自己是否讀得下去。

「蒐集足夠資料，再選擇科系」是我會給準備升學青少年的建議。許多學生對一個科系的了解，往往出於想像，實際上課後卻不一定喜歡。例如學生對心理學有興趣，所有志願都只填心理系，但進去後才發現心理系不只要讀諮商輔導，還要讀他討厭的大腦神經科學、統計與研究方法，這時候就會很煩惱了。

其實，人生永遠不用害怕做錯選擇。發現選擇不是自己想要的，也是探索的重要過程。改變跑道永遠不嫌晚，當然，如果可以愈早發現志趣不合、愈早轉換跑道，浪費的時間愈少，學習的餘裕愈多。

我每年都會跟大一新生進行晤談，一年年談下來，發現這幾年的大一新生，比起過去幾年多了份危機意識，也多了份焦慮感。他們害怕自己做錯選擇，或是學習得不夠多。最多大學新鮮人問我的問題，就是如何規劃大學的修課、未來的出路、雙主修或輔系資格等等，對自己的未來很有主見跟規劃，也很急著完成。

通常我會建議大一的學生不用太過著急，生涯本來就需要經過探索的過程，許多人甚至到中年仍不斷重新探索自己的生涯。大一時，可以先給自己一點時間適應大學生活，同時開始蒐集其他科系的相關資料，了解自己對什麼科系比較有興趣，等到大一下或大二再多修一點外系課程，慢慢就會找到自己的方向。我都會告訴學生，光坐在原地不斷思考，是不會知道自己興趣在哪的，唯有多方面去接觸、學習，才能慢慢探索，確認自己的興趣何在。

另外，如果父母未來遇到孩子延畢，也不需要太過緊張。現在大學延畢是很常見的情況。許多學生念雙主修、輔系，或大學時期出國交換，或想準備研究所考試，為了避免被抓去當兵，會技術性延畢。在大學裡，資源很多，不只是傳統課堂中專業知識的傳授，現在還有創業競賽、學生會、系學會、各種社團，培養學生團隊合作的能力、領導管理的能力、商業力、簡報力等等，這些軟性技能的培養，反而會成為孩子未來工作的最大優勢。

我尤其會鼓勵孩子暑假多去打工，到企業實習。即便不缺錢，但透過打工、實習，孩子會更有責任感，也更能發覺自己現在缺乏什麼技能，同時了解自己在職場中的競爭力。例如我的學生，就曾在暑假時應徵蝦皮的短期實習生，一樣要經過投履歷、面試的過程，經過一番廝殺才有機會被錄取。原本對自己沒自信的孩子，透過成功應徵上蝦皮實習生，獲得自我肯定。實習時期的經驗，也讓學生發現自己很喜歡這份工作，確立自己對商業有興趣，期待畢業後能夠在外商公司工作，還把存的錢拿去補習英文，非常自動自發的學習。

當一個人找到目標，有了內在動力，他的眼神就會閃閃發亮，他清楚自己為什麼而戰，不會因為遇到一點挑戰就隨意放棄。無論最後結果成功或失敗，他們在過程中的經歷、體驗與學習，才是最珍貴的，這些，都會成為未來進入職場的養分。大學是培育養分的重要時期，無論學生將重心放在課業、社團或任何活動中，重點是要去思考，這樣的經驗可以為自己帶來什麼，並轉化到未來職場上，而不是人云亦云，因為朋友參加所以就一起參加。

例如將心力投注於系學會的學生，就很知道如何寫企劃、如何辦活動、如何分配工作、如何協調溝通，這類的學生如果未來面試的是行銷企劃人員，就可以利用過去辦活動的經驗，告訴面試官自己如何寫文宣。這麼做可以讓學弟妹覺得加入系學會是很潮的一件事，還可以培養出寫企劃書的能力，懂得如何與團隊合作完成一個專案等等，用過去在學的活動經驗，凸顯自己的優勢，顯示自己的實務即戰力。

天下沒有白走的路。孩子如果對一件事情很有動力，遇到困難也努力克服、不輕言放棄，這樣的毅力不可小覷。孩子此刻需要的是父母的鼓勵與支持，相信孩子選擇的路，讓孩子活成自己想要的樣子，未來才會對自己的人生負責。

—結語—

改善親子關係的五大途徑

我曾在輔導實務現場，遇過一位焦慮的媽媽，她因為女兒抽菸、喝酒、在外跟朋友遊蕩、兩性關係複雜而苦惱不已，而且，為了更好的照顧女兒，她甚至把工作都辭了。這位媽媽成長於高社經地位、有教養的家庭，對她來說，女兒這些行為是從小乖巧、優異的她所無法想像的。

同一天，我遇到另一位相當豁達的爸爸。他的兒子同樣吸菸、喝酒、蹺家，爸爸卻說這沒什麼，年輕時候他自己還混過黑道，做出比兒子誇張許多的行為，自己現在不也過得好好的，兒子跟自己年輕時候相比，根本小巫見大巫。

為什麼孩子做出同樣的行為，在不同家庭中，解讀差異卻如此之大？一個將女兒的不良行為視為天大的問題，一個不把兒子的問題當成問題？這跟照顧者的成長背景有很大的關係，影響他們如何解讀孩子的行為，將其視為問題或正常。這就是從家族中傳承下來的教養模式，更重要的是，孩子會透過父母的眼光來認識自己。

如果父母看待孩子，覺得孩子很壞、對孩子很失望，這樣的眼光就會深植在孩子心中，成為自我認同的一部分，在往後的人生裡，不斷否定批判自己。但若父母能適時放下焦慮，以朋友的眼光去看待孩子的問題行為，或許就會對孩子有較多的寬容與理解，甚至覺得孩子某部分很有創意，孩子唐突的行為會過去，但留下的，是對自我的肯定與信任。父母要先相信孩子、正向看待孩子，孩子才會信任自己，往正向發展。

「如果不管孩子，豈不是放任孩子走向自我毀滅嗎？」有些父母擔心，自己管成這樣，孩子還做出這麼多出格的事情，如果不管，孩子不就變得更歪？其實，所謂的不管，不是要父母放任、遺棄孩子，而是要懂得尊重孩子的界線，當孩子逐漸長大成為青少年，父母需要給孩子更多的主導權，從教練的角色轉為朋友，可以向孩子提出建議，但允許孩子擁有最終的選擇權。

我看到許多父母，為了孩子好，過度管教孩子，最終發現孩子根本不聽自己的話，孩子管不動，親子關係也因此決裂。要成為對孩子有影響力的父母，首先得維繫好親子關係。以下是根據包溫理論，提供改善親子關係的五大途徑：

途徑一：與孩子合作而非代勞

青春期的孩子在錯誤中學習、成長，這階段的父母，需要區辨何謂適度引導，何謂過度介入。包溫認為，在失功能的親子關係中，往往有一方扮演過度高功能的拯救者，例如父母扮演說教、指導、做很多事情的角色，感到付出很多，心力交瘁；而另一方扮演過度低功能的無能者，例如孩子無法獨立思考，總需要詢問別人的意見、向他人求助、不負責任的角色。

高功能的拯救者一方面樂於扮演付出的角色，一方面又生氣無能者為何不能獨當一面，卻不知道，正是因為自己把事情都搶去做了，才鼓勵無能者繼續維持低功能。這齣戲之所以能演下去，是因為雙方合唱雙簧。

高功能的拯救者，其實沒有比低功能的無能者更健康、獨立、成熟、負責，事實上，高功能與低功能者，一樣受困於關係中，兩者自我分化程度是等量的，高功能者需要低功能者讓渡自我，才能拼湊出一個完整的自己。

「如果我不管孩子，孩子就會毀了！」這樣的擔憂，恰恰是父母將自己放在高功能者的位置，讓孩子被迫成為低功能者的關係姿態。此時管或不管，甚至於管教的形式都是表面議題，真正要處理的根源議題是這個家庭的關係焦慮，如果父母總覺得自己孩子做了很多，感嘆孩子不懂事，或許正是因為父母做太多了。孩子的問題，應該留給孩子自己去解決。

高功能的父母需要先提高自我分化，願意放手，把自己放在首位，並且只為自己負責，那麼低功能的孩子就無法繼續無能，他們會開始學會為自己負責。當父母以合作而非代勞的姿態與子女互動，長期下來，孩子也同樣會以合作的姿態回應父母，親子間的互動才能改善，不再繼續陷入舊有的互惠關係模式中。

途徑二：與孩子進行一對一的相處時間

還記得前面章節提過，青少年雖然看起來總把父母往外推，但其實他們是很渴望與父母相處的嗎？對父母來說，要跟渾身是刺、一不小心就會踩到他地雷的青少年相處，壓力也是滿大的。當孩子愈來愈大，父母單獨與孩子相處的時間愈來愈少，即便在有些家庭中，親子之間看起來互動頻繁、不缺乏關注，卻不存在真正的關係。

包溫認為，要破除家庭中僵化的三角關係，必須與每位家庭成員建立一對一的接觸，真正去認識彼此，建立連結。爸爸需要有單獨跟孩子相處的時間，媽媽也需要有個別與孩子聊天的機會，父母也偶爾需要放下孩子兩個人去約會。

一對一的相處時間，會讓孩子感受到自己是被重視的、是特別的。這比父母不斷說「我愛你才會管你」更能讓孩子感受到父母的愛。當父母與孩子約會時，記得轉化為朋友的身分，讓孩子挑選他想去的餐廳或場所，試著認識孩子喜歡的東西，這會讓孩子覺得自己爸媽很酷，也會覺得彼此代溝沒那麼深。

例如孩子挑選了好拍照的網美餐廳，父母可以請教孩子如何擺出網美姿勢，在這過程中，父母改變了與孩子互動的狀態，變為孩子教父母擺姿勢、如何拍出好看的照片，雙方角色有機會短暫且適時的互換，有助於鬆動彼此僵化的關係。當父母將孩子指導的網美照片貼出來，獲得史無前例的按讚數時，父母會為孩子感到驕傲，孩子也為自己感到驕傲，這何嘗不是改善親子關係的良方呢？

但請記得，當父母與孩子安排專屬時間時，父母要守約，不要輕易更改約定的時間，也不要遲到，或是臨時放鳥孩子，這些訊息會讓孩子潛意識認為自己是不重要的，或是對父母來說，工作比自己還重要。

我過去曾輔導一位在受暴家庭中長大的高中生，他為人很客氣、有禮貌，但我們的諮商工作卻很難深入進行，他內在無法相信任何人，我一直覺得無法看到真正的他，無法與他真實接觸。

直到某一次諮商時間，他遲到了。當他匆忙趕到諮商室，打開門的那一刻，他看到我坐到椅子上，正等待著他，他覺得很感動。他說，之前給其他老師輔導的時候，都是時間到了，他去叫輔導老師，老師才從辦公室的位置上起身到輔導室跟他晤談，這是第一次，有老師在跟他約定的時間，就坐在諮商室等他。而且專門等他，不做其他事情。

於是我們的關係有了轉機。這是他生命中第一次相信自己是被重視的、是有價值的，他開始在我面前展現脆弱與黑暗的那面，在我面前成為一位真實的人。言語會騙人，可是行為不會。如果你跟孩子的關係出現困難，真心建議父母試著各自跟孩子約一段獨處時光，帶著測試的心情體驗，看看會有哪些新發現。

途徑三：有能力處理自己的感覺

「我們都將最美好的一面，展現給白天遇見的陌生人；卻將最猙獰的一面，留給晚上見面的家人。」

在白天時，精力充沛的我們，運用理智系統處理工作的事物，與上下屬協商溝通、深思熟慮做出許多重大決策。下班後，腦力耗盡的我們，關閉理智系統，運用本能的原始反應，情緒性的做出反射性的回應。於是，父母回家看到孩子，處處不順眼，忍不住就開念。此時，存在於每個人大腦中的鏡像神經元，讓我們容易受到對方影響，無意識的與對方的行為或情緒共振，孩子受到父母情緒波動的影響，瞬間爆走，情緒炸彈在家族成員間互相引爆。

過往多數理論都會強調，面對強烈情緒時，著重在溝通感受，期待增進自己和對方的同理能力。但是當理智系統關閉、情緒系統開啟時，我們不是沒有同理的能力，而是不願意使用。因此，即使是看了很多教養溝通書的家長，在跟孩子相處的當下，還是把書中所學拋到九霄雲外。

包溫學派認為，與其努力理解他人感受、表達自己感受，學會管理好自己的情緒更實在，畢竟我們無法期待，每個人都有同理他人的能力，但管理好情緒，是比較能掌握在自己手中的。

情緒具有渲染的功能。當父母焦慮，孩子也會跟著焦慮。焦慮升高的時候，思考能力下降，適應情境變化的彈性也隨之下降，親子雙方都任由情緒化的本能反應，未經思考憑直覺就選擇要「戰鬥」或「逃跑」，而非運用理智分析現況、分辨自己因為什麼而激發情緒，也無法為僵化的親子關係中帶來改變。

當父母平心靜氣，孩子也會學習用平心靜氣的方式回應父母。因此，由父母開始，示範如何自我調節情緒、找回自我掌握感、管理焦慮，並在情緒與理智之間做選擇，是處理任何關係困難的第一步。改變，從自己開始。

我們可以嘗試覺察自己的焦慮，尊重孩子的界線，不進入過度高功能的角色，讓孩子學習為自己負責，父母則只為自己負責，至少半數以上的時間想著自己，透過專注於自我的方式，將重心轉回自己身上，同時對自身有更多的覺察。

父母可以提醒自己，不需要去承擔孩子或其他家族成員的情緒，也不需孩子感恩父母、喜愛父母。雖然是一家人，但都是獨立的個體，孩子需要發展幫自己消化情緒的能力，父母則握有是否要安撫對方情緒的選擇權，而非不假思索就去拯救對方。同時，父母應該依照原則行事，並非為了獲得孩子喜愛，讓孩子予取予求。在一個有界線的家庭中，孩子才會有安全感，知道這個家是穩固可靠的。孩子透過父母的示範，學會尊重自己的界線，也尊重他人的界線。

愛，並不是你泥中有我，我泥中有你；你要為我的情緒負責，我也要為你的情緒負責。愛，是在與對方產生連結、關係親密的同時，仍有能力區隔自我與他人。一個人付出愛的能力，根基於愛自己的能力；尊重孩子，從尊重自己開始。是時候將焦點從孩子身上，轉回到自己身上，與自己建立良好的關係。

途徑四：傾聽

要有一段理想的親子關係，傾聽的能力是關鍵。我在評估學生與他們父母之間的關係時，時常透過詢問孩子有心事的時候會找誰，來了解孩子與父母的親近程度。願意傾聽且不隨意評價批判的父母，通常能成為孩子最信任的支持系統。

然而，傾聽不是一項簡單的能力。我們從出生就學習如何說話，但卻沒學過如何傾聽。尤其當父母在與孩子討論敏感議題的時候，例如孩子是不是同性戀、未來想選填什麼科系、孩子是不是交到壞朋友、成績不佳等問題，會因為緊繃的氛圍，感受到焦慮，以說教的方式一股腦的不斷拋出自己的看法，孩子一張口說沒兩個字，又被父母堵了回去。久了，孩子就不再表達意見，只好陽奉陰違，或失去自我主見。

討論敏感議題時，緊張焦慮是難免的。但身為大人，必須先為孩子示範如何處理自己的焦慮，避免一味傾倒自己的焦慮，落入反射性的情緒反應，反而淪為宣洩情緒，這是一種破壞關係的溝通模式。

改善親子關係最簡單的一步，就是閉嘴，然後傾聽。也唯有傾聽，才有機會了解孩子到底在想些什麼。面對愈敏感的議題，父母愈要中立的指出現況，並且用好奇、尊重的態度詢問孩子：怎麼看現在這個狀態？事後回頭看是怎麼想的？打算如何處理？詢問孩子愈多，父母就愈能蒐集到更多資訊，才有跟孩子談判的籌碼。

知己知彼，百戰百勝。藉由傾聽、了解孩子在想些什麼，才有機會進一步跟孩子協商，取得共識。親子之間最大的誤解，就是父母自以為很懂孩子，也以為孩子很懂父母。事實上，不說出口，誰也不懂誰。

當孩子感到迷惘的時候，也會想找有經驗的大人聊聊。很多時候，孩子的敘說，只是想獲得情緒上的支持，希望自己被理解。孩子一邊透過敘說，一邊學習如何運用語言表達難以言喻的情緒，統整混雜的思緒，訓練溝通表達的軟實力。

對孩子來說，他們需要的，是一位純粹的聽眾。但很多父母會感到受孩子巨大的情緒張力，認為好像一定要給建議或解決方法，才能幫助孩子降低焦慮。但正是這個「給建議」的行為，讓孩子閉嘴不再開口跟父母聊。

父母的建議在孩子耳中，像是評價或指責，是在否定孩子的意見。除非孩子主動要求父母給建議，否則父母要學會勒住舌頭，當一個傾聽者就好。真的很想分享自己的做法時，也要尊重性的問問孩子：「我有一些經驗想跟你分享，你想聽嗎？」如果孩子不想聽，更代表孩子當下需要的，是父母的傾聽，而非建議或解決方法。

途徑五：關注婚姻而非孩子

「我的孩子問題很多，處理他都處理不完了，哪有時間處理夫妻問題？何況我們夫妻就是因為孩子的問題常常吵架！」沒錯，夫妻之間會為了孩子的問題而爭吵，但也正是因為孩子的問題，婚姻還能持續，如果孩子沒有出現問題，或許這段婚姻早就結束了。

曉曉是一個很乖的孩子，她認真向上，課業從不用爸媽操心。唯一的問題是總會莫名的發病，產生恐慌的症狀，陷入莫名的情緒低潮中，無法出門上學。

一開始，大家以為曉曉是因為課業壓力才會發病。奇怪的是，曉曉就連暑假都會發病。透過長時間與曉曉晤談，終於發現曉曉的發病，跟父母的爭吵有關。當曉曉感覺父母吵到要離婚的時候，就會藉由發病，讓父母轉移注意力。

隨著父母關係惡化，曉曉的病情也跟著惡化，她的父母幾乎不再溝通，夫妻兩人現在唯一的交集，就是女兒嚴重發病的時候，會稍微討論一下女兒的病情。事實上，如果曉曉的父母不改善夫妻關係，曉曉的病情永遠不會好。這裡的改善夫妻關係，不見得是為了孩子要繼續在一起，離開有時候也是一種選擇。

曉曉的問題不在於父母吵著要離婚，而是父母在爭吵的過程中，無法對彼此達到情緒中立，他們用切割情緒的方式，不與彼此互動。在看似平靜的湖面下，焦慮波濤洶湧，是這股焦慮淹沒了曉曉，讓她不自覺的捲入三角關係之中，透過發病稀釋父母間的巨大焦慮。

可惜的是，曉曉無法覺察到自己發病與父母爭吵之間的關聯，無論曉曉離家多遠，心還是一直繫於父母身上，只要一感受到父母之間的不對勁，就又會莫名發病。曉曉很絕望，疑惑自己的病為何一直治不好，甚至產生自我了斷的念頭。

真正能幫曉曉病情好轉的關鍵，不是對症狀本身的治療，而是父母能夠好好處理彼此的婚姻問題。只要願意，撕裂的夫妻關係是能夠修復的。嘗試以旁觀者的角度，分析一下彼此的互動歷程，想像自己可以怎麼樣互動，避免落入焦慮、本能的反應之中？學習安撫並調節自己的情緒，並放下為他人情緒或行為負責的強迫心態，讓別人的問題留給別人去解決。

練習在關係焦慮中，覺察自己的需求與界線，運用理智系統與對方溝通，可保有連結但不過度涉入，不使用情緒切割逃離關係焦慮，不陷入三角關係、衝突爭吵，或是高／低功能的互惠模式中，保持開放、平等的對話。研究顯示，即便父母離婚，只要彼此還保持連結，將彼此視為同盟而非敵人，孩子與父母的情緒都會得到紓解。

當夫妻開始面對婚姻問題時，別期待孩子馬上就可以好轉。互動是經年累月堆積而成的，孩子不會這麼快就恢復正常或停止問題行為，他們會觀察父母一段時間，直到真心確認父母的互動改善。

父母互動改善後，可能發現孩子仍然維持症狀或問題行為，那是因為改變是很緩慢的過程，需要一點時間。但只要家長堅持新的互動，孩子每次症狀出現的時間就會縮短一點、程度輕微一點，最終慢慢減弱舊有的行為模式，跟父母產生新的互動方式。

無論孩子是否支持父母離婚，父母能夠為孩子做的，是讓自己開心的決定。有了開心的父母，才會有開心的孩子，當父母能夠跟自己相處、善待自己、尊重自己的界線跟需求，也才能夠愛孩子、尊重孩子的需求跟界線。

所有外在與他人之間的互動，都反映著內在自我間的互動。如果外在關係很混雜，代表內在自我關係也很混雜。我們活在關係中，就如同魚活在水中，如果脫離了人際，就會乾涸而死。雖然關係讓我們快樂，也讓我們痛苦，如何在關係中，與對方和平共處，並且讓自己過得開心，是人世間最難的修練。與孩子間的相處困境，是上天賜予我們最好的禮物，因著對孩子的愛，我們願意直視長久以來一直存在的議題，有意識的覺察並脫離童年舊有模式的輪迴。我們都在關係中掙扎、蛻變、破繭重生，成為更好的自己。

最後，把這本書獻給每一個在關係中努力的你，因為你們的努力，這世界將變得更美好，也更溫暖。

青春不是突然就叛逆：校園心理師第一手觀察，看懂青少年憂鬱、難相處、無法溝通背後的求救訊號／陳雪如著 -- 第一版 -- 臺北市：親子天下，2021.02
288 面；14.8×21 公分 --（家庭與生活；067）
ISBN 978-957-503-958-5（平裝）

1. 親職教育　2. 親子關係　3. 親子溝通

544.1　　110002158

家庭與生活 067

青春不是突然就叛逆

校園心理師第一手觀察，看懂青少年憂鬱、難相處、無法溝通背後的求救訊號

作者／陳雪如
責任編輯／楊逸竹、Amadeus Chiu（特約）
文字校對／魏秋綢
封面設計／ Ancy Pi
內頁設計與排版／連紫吟、曹任華
行銷企劃／蔡晨欣

天下雜誌群創辦人／殷允芃
董事長兼執行長／何琦瑜
媒體暨產品事業群
總經理／游玉雪
副總經理／林彥傑
總監／李佩芬
行銷總監／林育菁
版權主任／何晨瑋、黃微真

出版者／親子天下股份有限公司
地址／台北市 104 建國北路一段 96 號 4 樓
電話／（02）2509-2800　傳真／（02）2509-2462
網址／ www.parenting.com.tw
讀者服務專線／（02）2662-0332 週一～週五 09:00~17:30
讀者服務傳真／（02）2662-6048
客服信箱／ parenting@cw.com.tw
法律顧問／台英國際商務法律事務所・羅明通律師
製版印刷／中原造像股份有限公司
總經銷／大和圖書有限公司　電話／（02）8990-2588

出版日期／ 2021 年 2 月第一版第一次印行
2024 年 3 月第一版第五次印行
定　價／ 380 元
書　號／ BKEEF067P
ISBN ／ 978-957-503-958-5（平裝）